C O N V E R S A T

# 디지털로 배우는 프랑스어 회화

정일영 저

반복 학습이 가능한
이미지 cd 포함

신아사

## 머리말

이 책은 시청각 교육을 통해 프랑스어 학습 능력의 효율을 높이기 위한 목적으로 쓰여졌다. 제 2외국어를 공부하는 사람들의 공통적인 바램이 궁극적으로 원활한 의사소통 능력을 높이는 데 있다는 것에는 아마 이의가 없을 것이다. 어떤 외국어를 막론하고 학습의 구성내용은 일반적으로 듣기, 말하기, 쓰기 그리고 이들을 종합한 의사소통 구사 능력으로 이루어져 있다. 프랑스어의 경우 최근 프랑스에서 출간된 교재를 비롯하여 대부분의 회화 학습서들이 카세트와 교재 중심으로 개인이 집에서 혹은 학교에서 학습이 이루어지고 있다. 이러한 교육학습체제에서 한 가지 아쉬운 점은 시각적인 효과가 배제된 채 카세트를 통한 청각 위주의 학습 방법으로 인해 학습능력 효율의 극대화를 얻기에 부족한 점이 있다는 것이다. 요즘 학생들 뿐 아니라 일반인들 역시 인터넷을 비롯한 컴퓨터의 활용이 생활에 한 패턴으로 자리 잡고 있다는 점을 감안한다면 컴퓨터 앞에 앉아 눈으로 보는 동시에 귀로 듣는 이원적 체제가 단순한 청각에 의존한 학습방법보다 훨씬 높은 학습 성취효과를 높일 수 있다고 생각한다. 이 학습서는 이러한 시청각 교육에 착안한 교재로서 그 특성을 다음과 같이 크게 두 가지로 말할 수 있다 :

1) CD 로 제작된 시청각 학습체계
단순한 음성 녹음으로 청각에 의존한 내용 구성의 CD가 아니라, 컴퓨터의 화면 또는 학교 시청각실 기자재를 이용, 화면 구성을 통해 원어민의 발음뿐 아니라 재미있는 삽화와 함께 문장을 클릭하면 원어민의 발음을 들을 수 있게 함으로써 학습자가 자발적으로 학습에 참여하여 학습 성취도를 높일 수 있다.

2) CD와 교재와의 원활한 조화
기존의 학습서들이 교재 중심으로 카세트는 단지 원어민의 발음 청취 목적으로 이루어지는 교재 위주의 주 학습교재와 카세트의 부 학습 자재의 구성에서 벗어나, CD가 시청각 교육의 생생한 학습 내용으로 구성된 반면, 발음, 어휘 및 문장에 대한 우리말 해석 및 이를 활용한 연습문제 등은 교재에 수록하여 CD와 교재가 서로 상호 보완적 기능을 할 수 있는 이원적 체제를 구축하고 있다.

이 밖에도 회화에서 자주 사용되어지는 동사들의 변화를 사전을 찾아보지 않고 한 눈에 알아볼 수 있도록 정리하였으며 예문 역시 가능한 한 문학적 문장이 아닌 회화 중심의 문장으로 구성하여 실생활에 적용할 수 있도록 하였다. 또한 연습문제 역시 문장 하나 하나가 회화체 문장을 사용하여 의사소통 능력의 효율을 높이려고 노력하였다.

프랑스어 학습 능력을 보다 효율적으로 높일 수 있도록 보다 신선한 방법을 사용, 나름대로는 열심히 노력하였지만 여전히 미흡함을 느끼게 된다. 부족하지만 미미한 점이나 부족한 결점들을 차츰 보완해 나갈 것을 다짐하며 아무쪼록 프랑스어를 공부하는 사람들에게 미력하나마 도움이 되었으면 하는 바램이다.

2006년 7월 저자

## TABLE DES MATIÈRES

## 연습문제 풀이

## ★ La prononciation 기본발음 ★

### 1. L'alphabet [알파벳]

프랑스어의 기본 알파벳은 영어와 동일하며 발음을 우리식으로 표기하면 다음과 같다.

| A | a | B | b | C | c | D | d | E | e | F | f | G | g |
|---|---|---|---|---|---|---|---|---|---|---|---|---|---|
| [아] | | [베] | | [쎄] | | [데] | | [으] | | [에프] | | [줴] | |
| H | h | I | i | J | j | K | k | L | l | M | m | N | n |
| [아쉬] | | [이] | | [지] | | [까(꺄)] | | [엘] | | [엠] | | [엔] | |
| O | o | P | p | Q | q | R | r | S | s | T | t | U | u |
| [오] | | [뻬] | | [뀌] | | [에르] | | [에쓰] | | [떼] | | [위] | |
| V | v | W | w | X | x | Y | y | Z | z | | | | |
| [베] | | [두블르베] | | [익쓰] | | [이그렉] | | [제드] | | | | | |

#### 1) 영어와 발음이 동일한 철자들

| | f | l | m | n | o | s |
|---|---|---|---|---|---|---|
| 영 어<br>프랑스어 | [에프] | [엘] | [엠] | [엔] | [오] | [에쓰] |

#### 2) 격소리 [ㅋ, ㅌ, ㅍ]는 프랑스어에서 된소리 [ㄲ, ㄸ, ㅃ]로 발음

| | k | p | t |
|---|---|---|---|
| 영 어 | [케이] | [피] | [티] |
| 프랑스어 | [까] | [뻬] | [떼] |

Majuscule : A, B, C ...

Minuscule : a, b, c ...

3) 영어에서 [ㅣ]의 소리는 프랑스어에서 [ㅔ]로 발음되는 경향이 있음.

| | b | c | d | e | g | p | t | v |
|---|---|---|---|---|---|---|---|---|
| 영 어 | [비] | [씨] | [디] | [이] | [쥐] | [피] | [티] | [브이] |
| 프랑스어 | [베] | [쎄] | [데] | [에] | [줴] | [뻬] | [떼] | [베] |

4) 발음에 유의해야 할 철자들

| | | |
|---|---|---|
| B | 윗입술과 아랫입술을 가볍게 붙였다 떼며 나는 소리 | bois [숲] |
| V | 윗 이로 아랫 입술을 깨물었다 떼며 나는 소리 | voix [목소리] |
| P | 윗입술과 아랫입술에 힘을 주었다 떼며 나는 소리 | poids [무게] |
| F | 윗 이로 아랫입술을 깨물고 다물며 나는 소리 | foi [간] |

| | | |
|---|---|---|
| E | 우리말에는 없는 발음임으로 발음하기 상당히 까다로우나 [으], [에르], [위]에 가까운 소리로 생각하면 된다. | ceci [이것] |
| R | | robe [여성옷] |
| U | | bus [버스] |

## 2. 철자의 구성

프랑스어의 알파벳을 구성하는 기본 철자는 26개 이외에 특수철자들이 존재한다.

1) 모음들(les voyelles)

| A [아] | | | E [으, 에] | | | | I (Y) [이] | | | O [오] | | U [위] | | | |
|---|---|---|---|---|---|---|---|---|---|---|---|---|---|---|---|
| a | à | â | e | é | è | ê | i | î | ï | o | ô | u | ù | û | ü |

▸ e 를 제외한 나머지 모음들은 기본 모음 형태인 a, i, o, u 와 동일한 형태로 발음된다고 생각하면 되며 é, è, ê 는 [에] 소리로 발음된다고 생각하면 된다. 물론 입모양의 크기나 벌림에 따라 보다 상세하게 구분이 되지만 여기서는 이러한 사항이 오히려 학생들에게 혼란을 야기할 위험이 있으므로 무시하기로 한다.

2) 자음들(les consonnes)

| B | C | D | F | G | J | K | L | M | N | P | Q | R | S | T | V | W | X | Z |
|---|---|---|---|---|---|---|---|---|---|---|---|---|---|---|---|---|---|---|

- ç 는 우리말에 [ㅆ] 소리에 가깝다.
- 무음 h (h muet) 와 유음 h (h aspiré)
  프랑스어에서 h 는 알파벳에서는 소리가 나지만 단어 상에서는 소리가 나지 않는다. 유음의 h 란 과거에 발음이 되었던 관습이 남아 있는 특정한 h 를 의미하는 것으로 무음 h 와 유음 h의 차이는 뒤에 나오는 연독에서 보다 자세히 살펴보기로 한다.

## ★ 단어의 발음 ★

### 1. 프랑스어에서 단어는 자음 + 모음, 또는 모음 + 자음의 형태가 가장 많다.

발음의 분절은 자음 + 모음 / 자음 + 모음 의 형태로 하나의 자음과 하나의 모음이 한 쌍을 이루는 경우가 가장 많다 :

| ami | a / mi | [아미] | tête | tê / te | [떼뜨] |
|---|---|---|---|---|---|

### 2. 단어 마지막에 위치한 자음은 원칙적으로 발음을 하지 않는다.

그러나 많은 예외들이 존재하는데 특히 ℓ의 경우 발음되는 경향이 많다 :

| 발음 않는 경우 | bas [바] | lit [리] | mot [모] | tôt [또] |
|---|---|---|---|---|
| 발음 되는 경우 | banal [바날] | fatal [파딸] | hôtel [오뗄] | natal [나탈] |

### 3. 모음 e 의 경우 다음 두 가지 소리가 난다 :

| [으] | 자음 + 단어 마지막 e | téléphone [뗄레폰느] | visite [비지뜨] |
|---|---|---|---|
| | 자음 + e + 자음 + 모음 | demi [드미] | lever [르베] |
| [에] | 그 이외의 경우 e | exemple [에그정쁠] | lettre [레트르] |
| | 특수철자들 (è, é, ê) | bête [베뜨] | été [애떼] |

## ★ 발음연습 < C = consonne 자음, V = voyelle 모음 > ★

여기서는 단어의 뜻보다는 발음하는 요령을 숙지하기 위한 만큼 단어의 뜻보다 발음에 더욱 신경을 쓰기 바란다.

### 1. 자음 + 모음

1) B + les voyelles ( + les consonnes)

<table>
<tr><td rowspan="8">b</td><td>+ a + C</td><td>바</td><td>bas [바]</td><td>balade [발라드]</td></tr>
<tr><td>+ e (final)</td><td rowspan="2">브</td><td>barbe [바르브]</td><td>robe [로브]</td></tr>
<tr><td>+ e + C + V</td><td>besoin [브주앙]</td><td></td></tr>
<tr><td>+ e + C + C</td><td rowspan="2">베</td><td>berger [베르제]</td><td>berceau [베르쏘]</td></tr>
<tr><td>+ é, ê</td><td>bébé [베베]</td><td>bête [베뜨]</td></tr>
<tr><td>+ i</td><td>비</td><td>bière [비에르]</td><td>bise [비즈]</td></tr>
<tr><td>+ o</td><td>보</td><td>bobo [보보]</td><td>bol [볼]</td></tr>
<tr><td>+ u, û</td><td>뷔</td><td>buffet [뷔페]</td><td>bûche [뷔슈]</td></tr>
</table>

2) C + les voyelles ( + les consonnes)

<table>
<tr><td rowspan="7">c</td><td>+ a + C</td><td>꺄</td><td>café [꺄페]</td><td>cahier [꺄이에]</td></tr>
<tr><td>+ o + C</td><td>꼬</td><td>coca [꼬꺄]</td><td>code [꼬드]</td></tr>
<tr><td>+ u + C</td><td>뀌</td><td>cube [뀌브]</td><td>culture [뀔뛰르]</td></tr>
<tr><td>+ e (final), + C + V</td><td rowspan="2">쓰</td><td>France [프랑스]</td><td>ceci [쓰씨]</td></tr>
<tr><td>+ e + C + C</td><td>certe [쎄르뜨]</td><td>cesse [쎄쓰]</td></tr>
<tr><td>+ é</td><td>쎄</td><td>céder [쎄데]</td><td></td></tr>
<tr><td>+ i</td><td>씨</td><td>ciel [씨엘]</td><td>cinéma [씨네마]</td></tr>
</table>

▸ ç + les voyelles

<table>
<tr><td rowspan="3">ç</td><td>+ a</td><td>싸</td><td>ça [싸]</td></tr>
<tr><td>+ o</td><td>쏘</td><td>garçon [갸르쏭]</td></tr>
<tr><td>+ u</td><td>쒸</td><td>conçu [꽁쒸]</td></tr>
</table>

3) D + les voyelles

| | | | |
|---|---|---|---|
| d | + a + C | 다 | dada [다다] date [다뜨] |
| | + e (final), + C + V | 드 | mode [모드] demi [드미] |
| | + é, +e + C + C | 데 | départ [데빠르] dessert [데쎄르] |
| | + i,i + C | 디 | difficile [디피씰르] dix [디쓰] |
| | + o + C | 도 | dodo [도도] dos [도] |
| | + u (+ C), û | 뒤 | dur [뒤르] dû [뒤] |

4) F + les voyelles

| | | | |
|---|---|---|---|
| f | + a + C | 파 | facile [파씰르] famille [파미으] |
| | + e (final), + C + V | 프 | carafe [까라프] fenêtre [프네트르] |
| | + é, ê, + e + C + C | 페 | fée [페] fermer [페르메] |
| | + i | 피 | final [피날] finir [피니르] |
| | + o | 포 | fort [포르] folie [폴리] |
| | + u | 퓌 | fumer [퓌메] future [퓌뛰르] |

5) G + les voyelles

| | | | |
|---|---|---|---|
| g | + a + C | 갸 | gaz [갸즈] gare [갸르] |
| | + o + C | 고 | golf [골프] gosse [고쓰] |
| | + u + V | 귀 | guide [기드] guerre [게르] |
| | + e (final), + C + V | 즈 | garage [갸라즈] genou [즈누] |
| | + é, + C + C | 제 | génie [제니] geste [제스뜨] |
| | + i, î | 지 | gifle [지플르] gîte [지뜨] |

6) J + les voyelles

| | | | |
|---|---|---|---|
| j | + a + C | 자 | jamais [자메] jardin [자르뎅] |
| | + e (final), + e + C + V | 즈 | je [즈] jeter [즈떼] |
| | + é, + e + C(final) | 제 | Jésus [제쥐] jet [제] |
| | + i | 지 | jigger [지제] |
| | + o + C | 조 | joli [졸리] jockey [조께] |
| | + u + C | 쥐 | jus [쥐] jupe [쥐쁘] |

7) k + les voyelles

| | | | |
|---|---|---|---|
| k | + a + C | 까, 꺄 | kaki [까끼] kamikaze [까미가제] |
| | + e (final) | 끄 | cake [꺄끄] |
| | + é, e + C + C | 께 | képi [께삐] kermès [께르메쓰] |
| | + i | 끼 | kilo [낄로] kaki [까끼] |
| | + o + C | 꼬 | Koran [꼬란] |
| | + u | 뀌 | kurde [뀌르드] |

8) L + les voyelles

| | | | |
|---|---|---|---|
| l | + à, â, + a (+ C) | 라 | là [라] lac [락] |
| | + e (final), + e + C + V | 르 | le [르] lever [르베] |
| | + é, + e + C + C | 레 | léger [레제] lettre [레트르] |
| | + i + C | 리 | livre [리브르] libre [리브르] |
| | + o + C | 로 | lot [로] local [로꺌] |
| | + u | 뤼 | lune [륀느] lunette [뤼네뜨] |

9) M + les voyelles

| | | | |
|---|---|---|---|
| m | + a(+ C) | 마 | madame [마담] ma [마] |
| | + e(final), + e + C + V | 므 | pomme [뽐므] menacer [므나쎄] |
| | + é, ê, + e + C + C | 메 | méfier [메피에] merci [메르씨] |
| | + i, y | 미 | midi [미디] mythologie [미똘로지] |
| | + o | 모 | mode [모드] mobile [모빌르] |
| | + u | 뮈 | mur [뮈르] musique [뮈직끄] |

10) N + les voyelles

| | | | |
|---|---|---|---|
| n | + a + C | 나 | nana [나나] nature [나뛰르] |
| | + e(final), + e + C + V | 느 | lune [륀느] neveu [느브] |
| | + é, + e + C (+ C) | 네 | net [네] négatif [네가띠프] |
| | + i | 니 | nid [니] canif [꺄니프] |
| | + o + C | 노 | noce [노쓰] note [노뜨] |
| | + u | 뉘 | numéro [뉘메로] nul [뉠] |

11) P + les voyelles

| | | | |
|---|---|---|---|
| p | + a | 빠 | papa [빠빠] page [빠쥬] |
| | + e (final), + e + C + V | 쁘 | pape [빠쁘] petit [쁘띠] |
| | + é, ê, + e + C + C | 뻬 | pénible [뻬니블르] peste [뻬스뜨] |
| | + i | 삐 | pitié [삐띠에] pipe [삐쁘] |
| | + o | 뽀 | poli [뽈리] police [뽈리쓰] |
| | + u | 쀠 | pur [쀠르] puce [쀠쓰] |

12) Q + les voyelles

| | | | | |
|---|---|---|---|---|
| **qu** | + a + C | 꺄 | quatre [꺄트르] | qualité [꺌리떼] |
| | + e (final), + e + C + V | 끄 | que [끄] | querelle [끄렐르] |
| | + e + C (+ C) | 께 | question [께쓰찌옹] | quel [껠] |
| | + i | 끼 | qui [끼] | quitter [끼떼] |
| | + o + C | 꼬 | quotidien [꼬띠디엥] | |

13) R + les voyelles

| | | | | |
|---|---|---|---|---|
| **r** | + a + C | 라 | radio [라디오] | race [라쓰] |
| | + e (final), + e + C + V | 르 | nombre [농브르] | record [르꼬르] |
| | + é, ê | 레 | récolte [레꼴뜨] | rêve [레브] |
| | + i | 리 | riz [리] | rival [리발] |
| | + o, ô | 로 | rose [로즈] | rôle [롤르] |
| | + u | 뤼 | rue [뤼] | rude [뤼드] |

14) S + les voyelles

| | | | | |
|---|---|---|---|---|
| **s** | + a | 싸 | sac [싹] | salon [쌀롱] |
| | + e (final), + e + C + V | 쓰 | bourse [부르쓰] | semer [쓰메] |
| | + è, é, + e + C + C | 쎄 | série [쎄리] | serrer [쎄레] |
| | + i | 씨 | sida [씨다] | site [씨뜨] |
| | + o + C | 쏘 | social [쏘씨알] | sortie [쏘르띠] |
| | + u | 쒸 | sur [쒸르] | super [쒸뻬르] |
| | V + s + V | ㅈ | rose [로즈] | |

15) T + les voyelles

| | | | | |
|---|---|---|---|---|
| t | + a, â + C | 따 | table [따블르] | tâche [따슈] |
| | + e (final), + e + C + V | 뜨 | bête [베뜨] | tenir [뜨니르] |
| | + é, + e + C + C | 떼 | télé [뗄레] | terre [떼르] |
| | + i | 띠 | tirer [띠레] | ticket [띠께] |
| | + o + C | 또 | tomate [또마뜨] | total [또딸] |
| | + u | 뛰 | tu [뛰] | tuer [뛰에] |
| | + re | 트르 | titre [띠트르] | centre [썽트르] |

16) V + les voyelles

| | | | | |
|---|---|---|---|---|
| v | + a + C | 바 | vacances [바껑쓰] | vase [바즈] |
| | + e (final), + e + C + V | 브 | cave [꺄브] | venir [브니르] |
| | + é, ê, + e + C + C | 베 | vélo [벨로] | vert [베르] |
| | + i | 비 | vidéo [비데오] | visiter [비지떼] |
| | + o + C | 보 | voter [보떼] | votre [보트르] |
| | + u | 뷔 | vu [뷔] | vulgaire [뷜게르] |

## 2. 모음

### 1) 모음 + 모음

a) [e] 또는 [ɛ]

| 에 | **ai** | aigle [에글르] | aimer [에메] |
|---|---|---|---|
| | **ei** | neige [네즈] | reine [렌느] |
| | **et** | poulet [뿔래] | buffet [뷔페] |
| | **-er (final), + C** | boulanger [블랑제] | acheter [아슈떼] |
| | | mer [메르] | service [쎄르비쓰] |

b) [o]

| 오 | **au** | aussi [오씨] | mauvais [모베] |
|---|---|---|---|
| | **eau** | gâteau [갸또] | cadeau [꺄도] |

c) [wa]

| 우와 | **oi** | joie [주와] | étoile [에뚜왈르] |
|---|---|---|---|

d) [u]

| 우 | **ou** | cou [꾸] | poupée [뿌뻬] |
|---|---|---|---|

### 2) 비모음 (les voyelles nasales)

a) [ɑ̃] [엉]

| **am** | **+ b, p** | lampe [렁쁘] | ambition [엉비씨옹] |
|---|---|---|---|
| | **+ V** | ami [아미] | amour [아무르] [X] |
| **an** | | santé [썽떼] | blanc [블렁] |
| | **+ V, + n** | animal [아니말] | année [아네] [X] |
| **em** | **+ b, p** | temps [떵] | emploi [엉쁠루와] |
| **en** | | vent [벙] | vêtement [베뜨멍] |
| | **+ V, + n** | mener [므네] | ennemi [에느미] [X] |

b) [õ] [옹]

| | | | | | | |
|---|---|---|---|---|---|---|
| **om** | **+ p, b** | nombre | [농브르] | combat | [꽁바] | |
| | **+ V** | dominer | [도미네] | vomir | [보미르] | [X] |
| **on** | | pont | [뽕] | monde | [몽드] | |
| | **+ n, + V** | sonner | [쏘네] | monopole | [모노뽈르] | [X] |

c) [ɛ̃] [엥]

| | | | | | | |
|---|---|---|---|---|---|---|
| **im** | **+ p, b** | imbécile | [엥베씰르] | impossible | [엥뽀씨블르] | |
| | **+ V** | image | [이마쥬] | imiter | [이미떼] | [X] |
| **in** | | matin | [마뗑] | chemin | [슈멩] | |
| | **+ V** | initial | [이니씨알] | cinéma | [씨네마] | [X] |
| **ein** | | plein | [쁠렝] | freins | [프렝] | |
| **ain** | | main | [멩] | train | [트렝] | |

d) 그 밖의 비모음들 (Les autres voyelles nasales)

| | | | | | |
|---|---|---|---|---|---|
| **ion** | 이옹 | avion | [아비옹] | lion | [리옹] |
| **oin** | 우왕 | point | [뿌왕] | loin | [루왕] |
| **ien** | 이엥 | chien | [쉬엥] | gardien | [갸르디엥] |
| **tion** | 씨옹 | addition | [아디씨옹] | position | [뽀지씨옹] |

## 3. 철자기호 (Les signes orthograpiques)

| | | | |
|---|---|---|---|
| accent aigu | **é** | café | [꺄페 : 카페] |
| accent grave | **à** | là | [라 : 저기에] |
| | **è** | complète | [꽁쁠레뜨 : 완벽한] |
| | **ù** | où | [우 : 어디에] |
| accent circonflexe | **â** | gâteau | [갸또 : 케익] |
| | **ê** | être | [에트르 : ~이다] |
| | **î** | île | [일르 : 섬] |
| | **ô** | hôpital | [오삐딸 : 병원] |
| | **û** | août | [우뜨 : 8월] |
| cédille | **ç** | ça | [싸 : 저것] |
| tréma | **ë** | Noël | [노엘 : 크리스마스] |
| | **ï** | naïf | [나이프 : 순박한] |
| | **ü** | aigüe | [에귀 : 날카로운] |
| apostrophe | **’** | l’enfant | [렁펑 : 아이] |
| trait d’union | **-** | grand-mère | [그렁메르 : 할머니] |

# Leçon 1. La salutation 인사

## 1. 만났을 때

### 1) 잘 모르는 사람이나 예의를 지켜야 할 경우

| | |
|---|---|
| M. Durant | Bonjour, madame. Comment allez-vous?<br>안녕하세요, 부인. 어떻게 지내세요? |
| Mme Dupont | Bonjour, monsieur. Je vais bien, merci. Et vous?<br>안녕하세요. 저는 잘 지냅니다, 고마워요. 당신은요? |
| M. Durant | Je vais très bien, merci.<br>저도 잘 지냅니다. 고마워요. |

### 2) 친구 사이

| | |
|---|---|
| Marie | Salut, Jeanne. Comment ça va? 안녕, 잔느. 어떻게 지내? |
| Jeanne | Ça va. Et toi? 잘 지내. 그러는 너는? |
| Marie | Bien. 좋아. |

## 2. 헤어질 때

### 1) 잘 모르는 사이나 예의를 갖추어야 할 경우

| | | |
|---|---|---|
| M. Durant | Au revoir, mademoiselle. | 다음에 봐요. |
| Mlle. Durant | Au revoir, monsieur. | 다음에 뵙죠. |

### 2) 친구 사이

| | | |
|---|---|---|
| Marie | Au revoir, Pierre. | 다음에 봐, 삐에르. |
| Pierre | Bonne nuit et à demain! | 잘 자고 내일 보자! |

## ❖ VOCABULAIRE 어휘 ❖

1. pour se rencontrer [만났을 때]

| | | |
|---|---|---|
| le matin [아침] l'après-midi [오후] | bonjour | salut, ciao |
| le soir [저녁] | bonsoir | |

2. pour se quitter [헤어질 때]

| Au revoir [잘 가] Bonne nuit [잘 자] | | | | |
|---|---|---|---|---|
| à tout de suite [곧 보자] | à tout à l'heure [조금 뒤에 보자] | à demain [내일 봐] | à bientôt [조만간 보자] | adieu |

3. pour appeler [부를 때 : 호칭]

| | | 단 수 | 복 수 |
|---|---|---|---|
| Masculin 남성 | M | Monsieur | Messieurs |
| Féminin 여성 | Mlle [결혼 안함] | Mademoiselle | Mesdemoiselles |
| | Mme [나이든 여성] | Madame | Mesdames |

4. comment [adverbe 부사]

| | |
|---|---|
| 어떻게 | Comment faire? [어떻게 해야 하지?] |
| | Comment trouvez-vous ça? [당신 이것을 어떻게 생각하세요?] |

5. remerciement [감사]

| | | | |
|---|---|---|---|
| remercier | Je vous | remercie | bien, beaucoup. [대단히 감사합니다] |
| | Je te | | |
| merci | Merci | | |

6. le pronom neutre : pour indiquer quelque chose [**중성대명사 : 지칭할 때**]

| ça = cela | Regardez ça! [이것을 보세요!] |
|---|---|

7. un jour [**하루**]

| une journée [아침부터 저녁까지] | | | une nuit |
|---|---|---|---|
| le matin [아침] | l'après-midi [오후] | le soir [저녁] | la nuit [밤] |

8. pour saluer [**인사를 할 때**]

| vouvoiement<br>존칭 | Comment allez-vous?<br>[어떻게 지내세요?] | Je vais (très) bien, merci. Et Vous?<br>[전 잘 지내요, 고마워요. 당신은요?] |
|---|---|---|
| tutoiement<br>말을 놓을 때 | Comment vas-tu?<br>[어떻게 지내?] | Je vais (très) bien. Et toi?<br>[잘 지내. 너는?] |
| | Comment ça va?<br>[어떻게 지내?] | Ça va (bien).<br>[잘 지내] |
| | Ça va? [어때?] | Comme ci, comme ça. [그저 그래] |
| | | Couci-couça. [그저 그래] |
| | | Pas mal. [나쁘지 않아] |

## ❖ GRAMMAIRE 문법 ❖

### 1. Pronoms personnels sujets : 주어 인칭 대명사

| Singulier 단수 | | Pluriel 복수 | |
|---|---|---|---|
| 1 | Je [나] | 1 | Nous [우리] |
| 2 | Tu [너] | 2 | Vous [당신들] |
| 3 | Il [그] Elle [그녀] | 3 | Ils [그들] Elles [그녀들] |

a) Tu : 너

- entre les amis ou entre les personnes familières
  [친구들이나 가족 사이에서]

b) Vous et Tu : 존칭과 평대

- entre la personne plus âgée et le(la) jeune
  [나이 많은 사람과 젊은 사람 사이에]
- entre les personnes non-familières
  [친하지 않은 사람들 사이에]

■ vous

원래 두 사람 이상인 경우 [당신들]이라는 의미로 사용되지만 상대가 존경의 대상이거나 친하지 않은 경우, 단수라도 존칭의 의미로 vous를 사용한다.

### 2. aller [~에 가다]

| Je | vais | Nous | allons |
|---|---|---|---|
| Tu | vas | Vous | allez |
| Il, Elle | va | Ils, Elles | vont |

| 장소 : ~에 가다 | Je vais à l'hôpital. [난 병원에 간다] |
|---|---|
| 안부 | Comment allez-vous? [어떻게 지내세요?] |

3. Les pronoms personnels sujets et toniques [**주어인칭대명사와 강세인칭대명사**]

| | | **Sujet** 주어 | **Tonique** 강세 | | | **Sujet** | **Tonique** |
|---|---|---|---|---|---|---|---|
| 1. S | | Je | Moi | 1. Pl | | Nous | Nous |
| 2. S | | Tu | Toi | 2. Pl | | Vous | Vous |
| 3. | M | Il | Lui | 3. | M | Ils | Eux |
| | F | Elle | Elle | | F | Elles | Elles |

| et와 함께 | Je vais bien. Et toi? (*tu) [난 잘 지내. 너는?] |
|---|---|
| 주어 앞 | Moi, je vais à l'école. [난 학교에 가] |

4. La liaison [연독]

On ne prononce pas la dernière consonne du mot. Mais
[단어의 마지막 자음은 발음하지 않는다. 그러나]

**a) 주어인칭대명사 + 동사**

Nou<u>s</u> [누] (X) Nous‿allons à lécole. [누 잘롱 ...]

**b) 의문사**

Commen<u>t</u>? [꼬멍] (X) Comment‿allez-vous? [꼬멍 딸레 부]

### ❖ Exercice 연습문제 ❖

1. 빈칸에 주어 또는 강세인칭대명사를 쓰시오.
   1) [ ], je suis français. Toi, [ ] es italien?
   2) Lui, [ ] a une fille. Et [ ], tu as aussi une fille?
   3) [ ], elle a 45 ans. Et [ ], [ ]'ai 46 ans.
   4) Eux, [ ] sont médecins. Et [ ], vous êtes infirmières?
   5) Nous, [ ] sommes acteurs. Et [ ], elles sont chanteuses?

2. 알맞은 것끼리 연결하시오.

| | |
|---|---|
| 1) Tu | a) allons au cinéma. |
| 2) Je | b) allez bien? |
| 3) Il | c) vont à lécole. |
| 4) Vous | d) vais à la gare. |
| 5) Elles | e) vas où? |
| 6) Nous | f) va à Paris. |

3. 알맞은 강세인칭대명사를 쓰시오.
   1) [ ] j'achète ce livre, et toi, tu achètes ce cahier.
   2) Paul et [ ], vous allez au cinéma?
   3) Paul et Jean, [ ], ils aiment le sport.
   4) Marie, [ ], elle a une belle voix.
   5) Jean, [ ], il travaille avec Paul.

## Leçon 2. Qu'est-ce que c'est? 이것은 무엇입니까?

| | |
|---|---|
| Qu'est-ce que c'est?<br>이것은 무엇입니까? | C'est un livre. 이것은 책입니다. |
| | C'est une table. 이것은 책상입니다. |
| | C'est un stylo. 이것은 만년필입니다. |
| Voici un chat. | 여기에 개가 한 마리 있습니다. |
| Voilà des chiens. | 저기에 개들이 있습니다. |

### ❖ VOCABULAIRE 어휘 ❖

| | | |
|---|---|---|
| un cahier [공책] | une chaise [의자] | un sac à dos [등에 매는 가방] |
| un tableau [칠판] | un mouchoir [손수건] | un baladeur [거닐기 좋아하는 사람] |
| un ordinateur [컴퓨터] | des lunettes [안경] | un téléphone portable [휴대폰] |
| un taxi [택시] | un avion [비행기] | une voiture [자동차] |

### ❖ GRAMMAIRE 문법 ❖

1. L'article indéfini [**부정관사**]

| M. S 남성단수 | F. S 여성단수 | M, F. Pl 남,여 복수 |
|---|---|---|
| **un** | **une** | **des** |

2. le genre du nom [**명사의 성**]

| | homme, animal 생물(사람, 동물) | | choses 사물 | |
|---|---|---|---|---|
| | Masculin | Féminin | Masculin | Féminin |
| genre sexuel<br>섹스에 의한 성 | un oncle<br>[삼촌] | une tante<br>[숙모] | | |
| genre grammatical<br>문법적 성 | | | un stylo<br>[만년필] | une chaise<br>[의자] |

■ **féminin du nom 명사의 여성형**

| masculin du nom + **-e** = féminin du nom<br>명사의 남성형 명사의 여성형 | |
|---|---|
| un étudiant [남학생] | une étudiante [여학생] |
| un Japonais [일본 남자] | une Japonaise [일본 여자] |

3. être [~**이다** : **영어의** be **동사**]

| Je | suis | Nous | sommes |
|---|---|---|---|
| Tu | es | Vous | êtes |
| Il, Elle | est | Ils, Elles | sont |

■ **profession 직업**

직업을 나타낼 때 C'est 로 시작하는 구문의 경우 부정관사를 써야 하는 반면 Il· (Elle) est 로 시작하는 경우에는 부정관사를 사용하지 않는다.

C'est + un, une + le nom → C'est un étudiant. [그는 남학생이다]

Il est + le nom → Il est étudiant. [그는 남학생이다]

4. Voici, voilà + l'article **관사** + le nom **명사**

| pour indiquer des choses 사물을 지칭할 때 | |
|---|---|
| Voici un cahier.<br>[여기에 공책이 한권 있다] | Voilà une chaise.<br>[저기에 의자가 있다] |
| pour présenter quelqu'un 누군가를 소개할 때 | |
| Voici Paul. [이 사람이 뽈이야] | Voilà Marie. [저쪽은 마리야] |

## ❖ Exercice 연습문제 ❖

1. 빈칸에 알맞은 형태의 être 동사를 써 넣으시오.
   1) Je [ ] étudiant.
   2) Ils [ ] coréens.
   3) Il [ ] professeur d'anglais.
   4) Nous [ ] les cousins de Paul.
   5) Marie est Isabelle [ ] mes sœurs.
   6) Vous [ ] médecin?

2. 보기처럼 다음 질문에 답하시오.
   ex) [Vous] êtes japonais? → Oui, je [suis] japonais.
   1) [ ] êtes pharmacien? → Oui, [ ] suis pharmacien.
   2) Vous [ ] fatigués? → Oui, nous [ ] fatigués.
   3) [ ] êtes libre demain? → Oui, je [ ] libre demain.
   4) Marie et Jean vont à l'école? → Oui, [ ] vont à l'école.

3. 빈칸에 un 과 une 중 골라 쓰시오.

| | | | | | |
|---|---|---|---|---|---|
| | voyage | | chance | | billet |
| | santé | | cadeau | | appartement |
| | nature | | soir | | chaise |
| | bagage | | économie | | question |
| | gâteau | | âge | | totalité |
| | sortie | | fillette | | moment |

4. 보기처럼 빈칸에 알맞은 부정관사를 써 넣으시오.
   ex) <u>une</u> jolie voiture / <u>un</u> beau garçon

| | | | |
|---|---|---|---|
| | gentil garçon | | belle fille |
| | livre intéressant | | jolie maison |
| | grand hôtel | | grosse femme |
| | mauvais temps | | vieux chien |

## Leçon 3. La présentation 소개

| Policier 경찰 | M. Dupont |
|---|---|
| Quel est votre nom?<br>당신의 이름은 뭐죠? | Je m'appelle Dupont.<br>내 이름은 뒤퐁입니다. |
| Quelle est votre nationalité?<br>당신의 국적은 무엇입니까? | Je suis Français.<br>난 프랑스인입니다. |
| Qu'est-ce que vous faites dans la vie?<br>직업이 뭐죠? | Je suis boulanger.<br>난 빵장수입니다. |
| Quel âge avez-vous?<br>나이가 몇이시죠? | J'ai 42 ans.<br>42살입니다. |

| Pierre | Jihyeon |
|---|---|
| Comment t'appelles-tu?<br>너 이름이 뭐니? | Je m'appelle Jihyeon JEON.<br>내 이름은 전지연이야. |
| Tu viens d'où?<br>너 어디서 왔니? | Je suis Coréenne.<br>난 한국인이야. |
| Tu travailles?<br>너 일을 하니? | Non, je suis étudiante.<br>아니, 난 학생이야. |
| Tu as quel âge?<br>너 몇 살이니? | J'ai 24 ans.<br>24살이야. |

| Jean | |
|---|---|
| Je te présente mon ami.<br>너에게 내 친구를 소개할게. | Voici mon amie, Stephie.<br>여긴 내 친구인 스테피야. |
| Il s'appelle Pierre.<br>그의 이름은 삐에르야. | Elle a 21 ans.<br>그녀는 21살이야. |
| Il a 20 ans.<br>그는 20살이야. | Elle est Allemande.<br>그녀는 독일인이야. |
| Il est Italien.<br>그는 이탈리아인이야. | Elle travaille à la banque.<br>그녀는 은행에서 일을 해. |
| Il est musicien.<br>그는 음악가야. | Elle aime le rock.<br>그녀는 락을 좋아해. |

## ❖ VOCABULAIRE 어휘 ❖

1. s'appeler [~라고 불리다 : le verbe pronominal 대명동사]

| Je | Je m'appelle<br>[내 이름은 X 다] | Nous | Nous nous appelons<br>[우린 X라고 불린다] |
|---|---|---|---|
| Tu | Tu t'appelles<br>[네 이름은 X 다] | Vous | Vous vous appelez<br>[당신(들) 이름은 X 다] |
| Il, Elle | Il (Elle) s'appelle<br>[그(녀)이름은 X 다] | Ils, Elles | Ils (Elles) s'appellent<br>[그(녀)들은 X라고 불린다] |

2. faire [~하다 : le verbe 동사]

| Je | fais | Nous | faisons |
|---|---|---|---|
| Tu | fais | Vous | faites |
| Il, Elle | fait | Ils, Elles | font |

3. avoir [영어의 have 동사]

| J' | ai | Nous | avons |
|---|---|---|---|
| Tu | as | Vous | avez |
| Il, Elle | a | Ils, Elles | ont |

| | |
|---|---|
| **possession** 소유 | J'ai un livre. [나는 책을 가지고 있다]<br>Il a une maison. [그는 집을 소유하고 있다] |
| **âge** 나이 | Quel âge avez-vous? [당신 몇 살이세요?]<br>J'ai 23 ans. [23살이요] |
| **Il y a** ~이 있다 | Il y a un livre sur la table. [책상 위에 책이 있다] |

■ Je + ai → J'ai

두 개의 단어가 나란히 있을 때 앞의 단어 마지막 철자가 모음이고 뒤에 오는 단어의 첫 철자가 모음인 경우 앞의 모음은 생략된다

4. venir [오다 : le verbe intransitif 자동사]

| Je | viens | Nous | venons |
|---|---|---|---|
| Tu | viens | Vous | venez |
| Il, Elle | vient | Ils, Elles | viennent |

▸ A : Tu viens d'où?
[너 어디에서 오는 길이니?]

B : Je viens de l'école.
[학교에서 오는 길이야]

### ❖ GRAMMAIRE 문법 ❖

1. Les adjectifs possessifs [소유형용사]

| | 남성 단수 M. S | 여성 단수 F. S | 남·여 복수 M. F Pl | | S | Pl |
|---|---|---|---|---|---|---|
| [나의] | mon | ma | mes | [우리의] | notre | nos |
| [너의] | ton | ta | tes | [당신(들)의] | votre | vos |
| [그(녀)의] | son | sa | ses | [그(녀)들의] | leur | leurs |

■ **mon : devant un nom féminin commencé par les voyelles ou h muet**
여성 단수의 경우 뒤에 오는 명사가 모음 또는 묵음의 h 로 시작하는 경우 발음상의 이유로 인해 남성단수의 형태(mon, ton, son)를 사용한다.

[mon] cahier [나의 공책] cahier - 남성단수
[ma] maison [나의 집] maison - 여성단수
[mes] stylos [나의 만년필들] stylos - 남성복수

■ **ton amie 나의 여자친구**
amie 는 여성단수로서 원래는 ta를 써야 하지만 모음으로 시작하므로 남성 단수인 ton을 사용한다.

## 2. le genre du nom [명사의 성]

프랑스어에서 명사는 남성과 여성으로 구분되는데 남성형의 어미변화를 통해 여성형을 만드는 경우는 다음과 같은 것들이 있다 :

| | masculin | féminin | masculin | féminin |
|---|---|---|---|---|
| **-er → -ère** | boulanger [빵 장수] | boulangère | épicier [식료품가게 주인] | épicière |
| **-en → -enne** | chien [개] | chienne | pharmacien [약사] | pharmacienne |
| **-at → -atte** | chat [고양이] | chatte | | |

## 3. le verbe du 1er groupe (en -er) [원형의 어미가 -er로 끝나는 1군 동사]

| | aimer [좋아하다] | travailler [일하다] | | aimer | travailler |
|---|---|---|---|---|---|
| J', Je | aime | travaille | Nous | aimons | travaillons |
| Tu | aimes | travailles | Vous | aimez | travaillez |
| Il, Elle | aime | travaille | Ils, Elles | aiment | travaillent |

| pays<br>국가 | M<br>남성 | F<br>여성 | langue<br>언어 | drapeau<br>국기 |
|---|---|---|---|---|
| Allemagne<br>[독일] | Allemand<br>[독일남자] | Allemande<br>[독일여자] | l'allemand<br>[독일어] | 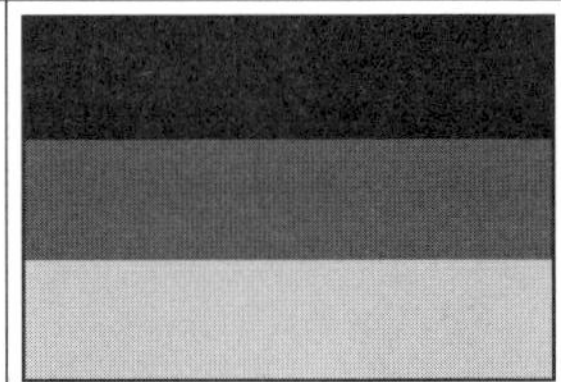 |
| Belgique<br>[벨기에] | Belge | Belge | le belge |  |
| Chine<br>[중국] | Chinois | Chinoise | le chinois |  |
| Corée<br>[한국] | Coréen | Coréenne | le coréen |  |
| France<br>[프랑스] | Français | Française | le français |  |
| Italie<br>[이탈리아] | Italien | Italienne | l'italien |  |
| Japon<br>[일본] | Japonais | Japonaise | le japonais | 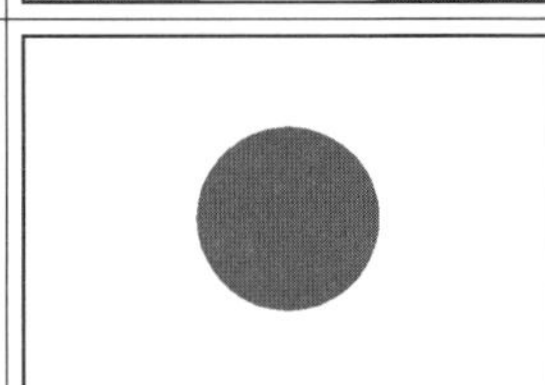 |

### ❖ Exercice 연습문제 ❖

1. 다음 빈칸에 알맞은 주어 인칭대명사를 쓰시오.
    1) [ ] ont un garçon et une fille.
    2) [ ] avons une belle maison.
    3) [ ] avez un chien?
    4) [ ] as un appartement?
    5) [ ] a 45 ans.
    6) [ ] ai mal à la tête.

2. 다음을 알맞게 연결하시오. (여러 개의 가능성이 있음)

| | | |
|---|---|---|
| 1) J' | ai | a) une belle voiture. |
| 2) Il | sommes | b) grand et jeune. |
| 3) Nous | avez | c) gentilles et sympas. |
| 4) Ils | sont | d) malade. |
| 5) Vous | est | e) des enfants? |
| 6) Tu | as | f) musiciens. |

3. 다음 중 tu 와 vous 를 선택하여 avoir 또는 être 와 함께 쓰시오.
    1) [ ] [ ] infirmière, madame?
    2) [ ] [ ] étudiants?
    3) [ ] [ ] une voiture, Monsieur Durand?
    4) [ ] [ ] un stylo, maman?
    5) [ ] [ ] beau, mon chéri?
    6) [ ] [ ] un beau sourire, Marie.

4. 다음 알맞은 소유형용사를 찾으시오.
    1) Je te présente ma / mon / mes femme.
    2) Tu téléphones à ton / ta / tes amie?
    3) Il habite avec son / sa / ses parents.
    4) Nous vendons notre / ma / ta appartement.
    5) Où est votre / mes / vos enfants?

5. 빈칸에 mon, ma, mes 중 알맞은 것을 쓰시오.

1) [ ] amis sont étudiants.
2) [ ] hôtel est très grand.
3) [ ] mère est infirmière.
5) [ ] enfants aiment le football.

6. 위 문장들을 ton, ta, tes 그리고 son, sa, ses 로 다시 쓰시오.

1) ______________________________
2) ______________________________
3) ______________________________
4) ______________________________
5) ______________________________

7. 보기처럼 문장을 쓰시오.

ex) Ce stylo est à toi? → Oui, c'est mon stylo.

1) [ ] ordinateur est à vous? Oui, c'est [ ] ordinateur.
2) [ ] livre est à lui? Oui, c'est [ ] livre.
3) [ ] maison est à eux? Oui, c'est [ ] maison.
4) [ ] voiture est à nous? Oui, c'est [ ] voiture.

8. 소유형용사를 이용하여 질문에 답하시오.

1) Tu connais l'homme sur la photo?
   Oui, c'est [ 나의 ] ami.
2) Pierre vit tout seul à Paris?
   Non, il habite avec [ 그의 ] famille.
3) Qu'est-ce que tu fais ce soir?
   Je vais au cinéma avec [ 나의 ] sœurs.
4) Où sont tes parents?
   Ils voyagent en Europe avec [ 그들의 ] amis.

# Leçon 4. Je suis en retard! 내가 늦었지!

| | |
|---|---|
| Marie | Salut, Pierre. Tu vas où? 안녕, 삐에르. 너 어디 가니? |
| Pierre | Ah, c'est toi, Marie. Je vais à l'université.<br>아, 마리 너구나. 대학교에 가는 길이야. |
| Marie | Pourquoi? 왜? |
| Pierre | J'ai un cours de français, mais je suis en retard.<br>오늘 프랑스어 수업이 있는데 늦었어. |
| Marie | À quelle heure le cours commence-t-il?<br>수업이 몇시에 시작하는데? |
| Pierre | À 9 heures, et il est 9 heures moins dix.<br>9시에 시작하는데 지금 9시 10분 전이야. |
| Marie | Et le professeur, il est comment? 선생님은 어때? |
| Pierre | Il est beau, mais très sévère. Je suis un homme mort.<br>잘 생겼지만 너무 엄격하셔. 나는 이제 죽은 목숨이야. |
| Marie | Bon courage! 용기를 내! |

### ❖ VOCABULAIRE 어휘 ❖

1. être en avance [약속시간보다 이른] être à l'heure [정시에] être en retard [약속시간보다 늦은]

2. commencer **시작하다 : 1군 동사(-r) 중 -cer로 끝나는 동사의 변화형**

| | | | |
|---|---|---|---|
| Je | commence | Nous | commen**ç**ons |
| Tu | commences | Vous | commencez |
| Il, Elle | commence | Ils, Elles | commencent |

1) commencer + le nom (명사) : Je commence le travail.
[나는 일을 시작한다]

2) commencer + à + le nombre : Le film commence à 11 heures.
전치사 숫자 [영화는 11시에 시작한다]

3) commencer + à + inf : Il commence à écouter la radio.
동사원형 [그는 라디오를 듣기 시작한다]

3. le nombre [숫자]

| 1 | 2 | 3 | 4 | 5 | 6 |
|---|---|---|---|---|---|
| un | deux | trois | quatre | cinq | six |
| 7 | 8 | 9 | 10 | 11 | 12 |
| sept | huit | neuf | dix | onze | douze |
| 13 | 14 | 15 | 16 | 17 | 18 |
| treize | quatorze | quinze | seize | dix-sept | dix-huit |
| 19 | 20 | 21 | 22 | 23 | 24 |
| dix-neuf | vingt | vingt et un | vingt-deux | vingt-trois | vingt-quatre |

4. l'heure [시간 : Il est + le nombre + heure(s)]

시간을 표현하는 방법은 숫자 1~12를 사용하고 뒤에 아침(du matin), 오후(de l'après-midi), 저녁(du soir)을 사용하는 것과 숫자 1~24를 사용할 수 있다.

1) Il est ... 1-12 heure(s) + du matin, de l'après-midi, du soir.
Il est ... 1-24 heure(s).

Il est sept heures du matin. [아침 7시다]
Il est sept heures du soir. [저녁 7시다]

Il est sept heures. [7시다]
Il est dix-neuf heures. [19시다]

Il est une heure de l'après-midi. [오후 1시다]
Il est treize heures. [13시다]

2) midi, minuit
Il est douze heures. = Il est midi. [12시다 = 정오다]
Il est vingt-quatre heures. = Il est minuit. [24시다 = 자정이다]

3) quinze minutes = et quart [15분 = 1시간의 4분의 1]
■ **15분과 15분 전의 경우 et quart와 moins le quart를 유의할 것.**

4) moins → Il est 8 h 50 = Il est neuf heures moins dix.
[8시 50분 = 9시 10분 전]
→ Il est 8 h 45 = Il est neuf heures moins le quart.
[8시 45분 = 9시 15분 전]

5. les matières [과목]

| | | |
|---|---|---|
| l'anglais [영어] | les mathématiques [수학] | le français [프랑스어] |
| le droit [법학] | la physique [물리학] | la biologie [생물학] |
| la philosophie [철학] | la linguistique [언어학] | la gymnastique [체육] |

## ❖ GRAMMAIRE 문법 ❖

1. Les articles définis [정관사]

| M. S | F. S | le, la + voyelles, h muet | Pl |
|---|---|---|---|
| **le** | **la** | **l'** | **les** |
| le stylo<br>[만년필] | la chaise<br>[의자] | l'arbre, l'homme<br>[나무][사람] | les gens<br>[사람들] |

2. les prépositions à, de + les articles définis [전치사 à, de + 정관사]

| | le | la | le, la + voyelles, h muet | les |
|---|---|---|---|---|
| à | **au** | **à la** | **à l'** | **aux** |
| de | **du** | **de la** | **de l'** | **des** |

| **à** + 정관사 | **de** + 정관사 |
|---|---|
| Je vais au café.<br>[나는 카페에 간다] | C'est le chien du voisin.<br>[그것은 이웃 남자의 개다] |
| Il est à la maison.<br>[그는 집에 있다] | Il sort de la maison.<br>[그는 집에서부터 나왔다] |
| Il va à l'école.<br>[그는 학교에 간다] | Il vient de l'université.<br>[그는 대학교에서 오는 길이다] |
| Elles vont aux États-Unis.<br>[그녀들은 미국에 간다] | C'est le professeur des étudiants.<br>[그는 학생들의 선생님이다] |

3. les adjectifs qualificatifs [**품질형용사**]

품질형용사란 명사의 외형 또는 성격과 같은 특성을 설명해주는 기능을 하는 형용사이다.

1) l'accord avec le nom [**명사와의 일치**]

품질형용사는 자신과 관계있는 명사의 성(남성 vs 여성)과 수(단수 vs 복수)에 일치한다.

**a) féminin : masculin + -e [여성형 : 남성형 + -e]**

le petit garçon [키 작은 소년] la petite fille [키 작은 소녀]
le grand homme [위인] la grande maison [큰 집]

**b) pluriel : singulier + -s [복수 : 단수 + -s]**

le petit chat [조그만 고양이] les petits chats
les jolis chiens [예쁜 개들] les jolies femmes

2) Masculin = Féminin [**남성과 여성의 형태가 동일한 경우**]

남성형 자체가 -e로 끝나는 형용사들은 여성형에서 변하지 않는다.

| triste [슬픈] | sympathique [상냥한] | facile [쉬운] |
|---|---|---|
| difficile [어려운] | jaune [노란 색의] | jeune [젊은] |
| rouge [붉은 색의] | formidable [굉장한] | magnifique [훌륭한] |

3) Singulier = Pluriel [**단수와 복수가 같은 경우**]

단수의 형태가 <-s, -x>로 끝나는 형용사는 복수에서 변하지 않는다.

| travailleux | Il est (Ils sont) travailleux. [그(들)은 열심히 일한다] |
|---|---|
| gris | Le cahier est (Les cahiers sont) gris.<br>[공책(들)은 회색이다] |
| délicieux | Ce gâteau est (Ces gâteaux sont) délicieux.<br>[이 케익(들)은 맛있다] |
| gros | Cet enfant est (Ces enfants sont) gros.<br>[이 아이(들)는 뚱뚱하다] |
| heureux | Il est (Ils sont) heureux.<br>[그(들)는 행복하다] |

4. l'interrogation **의문문**

<table>
<tr><th colspan="2">l'inversion 도치 : le mot interrogatif 의문사 + V 동사 + S 주어 ...?</th></tr>
<tr><td>Es-tu étudiant? [너 학생이니?]</td><td>Où vas-tu? [너 어디 가니?]</td></tr>
<tr><th colspan="2">(le mot interrogatif) Est-ce que + S + V ...?</th></tr>
<tr><td colspan="2">Est-ce que vous êtes Coréen? [당신 한국인이세요?]<br>Pourquoi est-ce que vous êtes à la maison? [왜 당신 집에 있어요?]</td></tr>
<tr><th colspan="2">S + V + (le mot interrogatif) ...?</th></tr>
<tr><td>Tu vas à la bibliothèque?<br>[너 도서관에 가니?]</td><td>Ils vont où?<br>[그들은 어디 가니?]</td></tr>
</table>

■ **Que 의 경우 문장 맨 뒤로 이동하면 quoi로 바뀐다.**

Qu'est-ce que vous faites? = Vous faites quoi? (*que)

[당신 뭐 하세요?]

5. le nombre du nom (singulier = pluriel) [**명사의 수 (단수 = 복수)**]

명사의 어미가 <-s, -x, -z>로 끝나는 경우 복수가 되어도 변하지 않는다.

| **-s** | le (les) bois [숲] | le (les) fils [아들] | un (des) ours [곰] |
|---|---|---|---|
| **-x** | le (les) prix [가격] | le (les) noix [호두] | une (des) voix [목소리] |
| **-z** | le (les) gaz [가스] | un (des) nez [코] | |

## ❖ EXERCICE 연습문제 ❖

1. 보기처럼 문장을 다시 쓰시오.

ex) Tu es prêt? → Est-ce que tu es prêt?

1) Vous êtes étudiants? →
2) Ils vont au cinéma? →
3) Les enfants jouent au jardin? →
4) Tu aimes le sport? →
5) Elle prend l'avion? →
6) Je peux fermer la fenêtre? →

2. 보기처럼 문장을 다시 쓰시오.

ex) Est-ce que tu travailles demain? → Tu travailles demain?

1) Est-ce que vous parlez l'anglais?
→
2) Est-ce que tu connais bien cette femme?
→
3) Est-ce qu'il est professeur de français?
→
4) Est-ce que tes amis viennent ce soir?
→
5) Est-ce qu'elles travaillent bien?
→

3. 보기처럼 문장을 다시 쓰시오.

ex) Vous êtes médecin? → Êtes-vous médecin?

1) Vous habitez à Paris? →
2) Tu cherches un travail? →
3) Ils ont une voiture? →
4) Vous faites du football? →
5) Tu pars en voyage? →
6) Vous pouvez m'aider? →

4. 보기처럼 문장을 다시 쓰시오.

ex) Elle regarde la télé. → Regarde-t-elle la télé?

1) Il parle vite. →
2) Elle travaille tous les jours. →
3) Elle prépare le dîner. →
4) Il téléphone à son ami. →
5) Elle visite le musée du Louvre. →

5. 보기처럼 문장을 다시 쓰시오.

ex) Marie vient chez toi? → Marie vient-elle ce soir?

1) Ton frère aime le cinéma?
→
2) Le cours de français commence à quelle heure?
→
3) Paul rentre tard à la maison?
→
4) Vos parents voyagent souvent?
→
5) Isabelle est lycéenne?
→

6. 보기처럼 주어진 답변에 맞게 의문문을 만드시오.

ex) Vous partez? ← Oui, je pars en vacances.

1) ← Oui, je vais chez mes parents.
2) ← Non, pas l'avion, je prends le train.
3) ← Non, pas seule, je pars avec mon ami.
4) ← Oui, j'aime beaucoup la musique.
5) ← Oui, je suis pharmacien.

7. 다음 명사들의 수를 표시하시오.

| | 단수 | 복수 | 단 / 복수 | | 단수 | 복수 | 단 / 복수 |
|---|---|---|---|---|---|---|---|
| fils | | | | voix | | | |
| choix | | | | nez | | | |
| dos | | | | bras | | | |
| jeu | | | | chaises | | | |

8. 빈칸에 à, au, à la, à l' 또는 chez 중 알맞은 것을 쓰시오.
   1) Tu veux venir [ ] moi ce soir?
   2) Il rentre [ ] maison.
   3) Il habite [ ] Paris.
   4) Il va [ ] hôtel.
   5) Elles vont [ ] grand magasin.

9. 빈칸에 de, du, de la, de l' 중 알맞은 것을 쓰시오.
   1) Il vient [ ] Paris.
   2) C'est la voiture [ ] voisin.
   3) Il arrive [ ] gare.
   4) Il revient [ ] école.

# Leçon 5. Chez Marie 마리의 집에서

| | |
|---|---|
| Marie | Vous voulez prendre quelque chose? 너희들 무엇을 마시고 싶니? |
| Pierre | Moi, je prends du jus d'orange. 나는 오렌지 쥬스 마실래. |
| Marie | Et toi, Pascal. Tu veux un café? 파스칼 너는. 너 커피 마실래? |
| Pascal | Non. merci, pas de café. 아니, 커피는 안 마실래. |
| Marie | Un coca, alors? 그럼 코카콜라 마실래? |
| Pascal | Non. Je n'aime pas le coca.<br>D'ailleurs, ce n'est pas bon pour la santé.<br>아니. 난 코카 안 좋아해. 게다가 건강에 좋지 않아. |
| Marie | Tu veux quoi, alors? 그럼 무엇을 원하니? |
| Pascal | Qu'est-ce que tu as comme la boisson? 음료수가 뭐 있는데? |
| Marie | Eh, on n'est pas au restaurant. 이봐, 우린 식당에 있는게 아니라구. |

❖ VOCABULAIRE 어휘 ❖

1. les boissons [음료수]

| | | |
|---|---|---|
| coca [코카] | café [커피] | jus d'orange [오렌지 쥬스] |
| eau [물] | thé [차(茶)] | bière [맥주] |
| vin [포도주] | lait [우유] | jus de fruits [과일쥬스] |

2. les aliments [양식]

| | | | |
|---|---|---|---|
| 먹는 것 | baguette [바게뜨] | beurre [버터] | chocolat [초콜릿] |
| | fromage [치즈] | pain [빵] | glace [아이스크림] |
| | pomme [사과] | pomme de terre [감자] | riz [쌀] |
| | sucre [설탕] | viande [고기] | fruits [과일] |
| | croissant [크루와쌍] | gâteau [케익] | confiture [잼] |
| | pain au chocolat [초코렛이 들어간 빵] | | |

3. verbes du goût [기호도를 나타내는 동사들]

| aimer [좋아하다 +] | aimer beaucoup [++] | adorer [+++] |
|---|---|---|
| n'aime pas [좋아하지 않다 -] | n'aiment pas du tout [--] | détester[---] |

| 남성단수 앞 | **du** | du pain [빵] | du café [커피] |
|---|---|---|---|
| 여성단수 앞 | **de la** | de la viande [고기] | de la bière [맥주] |
| 모음, 묵음의 h | **de l'** | de l'eau [물] | |

4. comme

| ~처럼 | Il est rapide comme l'éclair. [그는 번개처럼 빠르다] |
|---|---|
| ~같이 | Je veux devenir médecin comme lui. [나는 그처럼 의사가 되고 싶어] |
| ~로서 | Je vous dis ça comme un ami. [난 친구로서 당신께 그것을 말합니다] |

5. café [카페] : 음료나 간단한 식사를 할 수 있는 곳
restaurant [식당] : 식사를 하는 곳
bistrot [술집] : 영국의 pub 과 같은 개념으로 술을 주로 판매하는 곳

## ❖ GRAMMAIRE 문법 ❖

1. l'article partitif [부분관사]

먹는 것 혹은 마시는 것 앞에 쓰여서 [약간의]라는 부분의 뜻을 나타내거나 추상명사 앞에 사용되는 관사이다.

▸ 부분관사의 복수형에 경우 학자들마다 의견이 분분하다. 부분관사가 원칙적으로 셀 수 없는 명사 앞에 쓰인다는 점을 들어 복수형의 존재를 부정하는 학자들이 있는가 하면, 어떤 명사의 전체의 일부를 나타낸다는 의미에서 부정관사의 복수형을 인정하는 사람들도 있다.

| 주어 | **avoir** | **du** | courage [용기] |
|---|---|---|---|
| | | **de la** | chance [운이 좋다] patience [인내심이 있다] |

| | | |
|---|---|---|
| Je bois | de la bière. | [나는 맥주를 마신다] |
| | du vin. | [나는 포도주를 마신다] |
| | de l'eau. | [나는 물을 마신다] |
| Je prends | des pommes. | [나는 사과를 먹는다] |
| Je mange | de la viande. | [나는 고기를 먹는다] |
| | des confitures. | [난 잼을 먹는다] |

2. le pluriel des noms [**명사의 복수**]

| | | | | | |
|---|---|---|---|---|---|
| **-al** | **-aux** | le cheval | les chevaux<br>[말(馬)] | le journal | les journaux<br>[신문] |
| **-ail** | **-aux** | le travail | les travaux<br>[일] | le vitrail | les vitraux<br>[유리창] |
| **-au**<br>**-eau** | **-x** | le manteau | les manteaux<br>[외투] | le cheveu | les cheveux<br>[머리카락] |
| **-ou** | **-s** | le trou | les trous<br>[구멍] | le clou | les clous<br>[못] |

■ **명사의 복수중 어미가 예외적으로 변하는 경우**

-al → -als : le bal [무도회] → les bals
le festival [축제] → les festivals

-ail → -ails : le rail [레일] → les rails
le chandail [스웨터] → les chandails

-ou → -oux : le bijou [보석] → les bijoux
le chou [양배추] → les choux
le genou [무릎] → les genoux

### ❖ EXERCICE 연습문제 ❖

1. 다음 빈칸에 알맞은 부분관사를 쓰시오.

| | | | |
|---|---|---|---|
| | pain | | viande |
| | baguette | | eau |
| | café | | bière |
| | vin | | thé |
| | poisson | | beurre |
| | gâteau | | glace |
| | jus | | fromage |

2. 다음 명사들을 단수는 복수로, 복수는 단수로 고치시오.

| | | | |
|---|---|---|---|
| hôpital | | cheveu | |
| | bureaux | | cadeaux |
| animal | | femme | |
| | journaux | | manteaux |
| trou | | chapeau | |

## Leçon 6. Dans la bibliothèque 도서관에서

| | |
|---|---|
| Pascal | Dis-donc! Il y a beaucoup de monde ici.<br>이거봐라! 여기 사람이 많네. |
| Pierre | C'est normal. C'est bientôt l'examen.<br>당연하지. 곧 시험이거든. |
| Marie | J'ai bien peur qu'il n'y ait pas de place libre.<br>빈 자리가 없을까봐 걱정인데. |
| Pascal | C'est bizarre! Regardez là-bas! Il y a des livres sur la table, mais il n'y a personne.<br>이상한데! 저기 좀 봐! 책상 위에 책들은 있는데 사람이 없어. |
| Marie | Et oui, c'est toujours comme ça. On met d'abord des livres sur la table pour prendre la place.<br>Et puis, on sort pour s'amuser.<br>늘 이래. 우선 자리를 잡기 위해서 책을 책상 위에 놓지.<br>그리고 나서 놀러 나가는 거야. |
| Pierre | Ce n'est pas juste! 옳지 않아! |
| Marie | Qu'est-ce qu'on fait? 어떻게 하지? |
| Pierre | On n'a pas le choix. Je vais rentrer chez moi. Et vous?<br>선택의 여지가 없어. 난 집에 갈꺼야. 너희는? |
| Marie | Mes parents rentrent tard ce soir. Vous voulez travailler chez moi?<br>부모님이 오늘 저녁 늦게 돌아오시는데. 너희 내 집에 가서 공부할래? |
| Pierre | Avec plaisir! 기꺼이! |
| Pascal | C'est une très bonne idée! 그거 좋은 생각이다. |

## ❖ VOCABULAIRE 어휘 ❖

1. Il y a + l'article indéfini : Il y a un homme dans la rue.
   부정관사 [거리에 한 남자가 있다]

2. beaucoup : Tu manges beaucoup.
   [너 많이 먹는구나]
   Il y a beaucoup de voitures dans Paris.
   [파리 시내에는 많은 자동차가 있다]

3. avoir + sans article : l'expression figée [**고정된 표현**]
   무관사

| avoir froid [추운] | avoir chaud [더운] | avoir soif [목마른] |
|---|---|---|
| avoir sommeil [졸린] | avoir peur [무서운] | avoir faim [배고픈] |

▸ avoir + l'article partitif + les noms abstraits
부분관사 추상명사

| avoir de la chance<br>[운이 좋은] | avoir de la patience<br>[인내심이 있는] | avoir du courage<br>[용기가 있는] |
|---|---|---|

4. sur [préposition **전치사**]

| ~위에 | Il y a un oiseau sur l'arbre.<br>[나무 위에 새가 있다] |
|---|---|
| 수중에 | Il a toujours de l'argent sur lui.<br>[그는 항상 수중에 돈이 있다] |
| ~관해 | Je suis d'accord avec toi sur ce point.<br>[이 점에 대해서는 너와 의견이 일치해] |
| ~중에 | J'ai une note de 16 sur 20 en français.<br>[난 프랑스어에서 20점 중에 16점을 받았어] |

5. mettre [~을 넣다]

| Je | mets | Nous | mettons |
|---|---|---|---|
| Tu | mets | Vous | mettez |
| Il, Elle | met | Ils, Elles | mettent |

6. pour [préposition 전치사]

| ~위한 | C'est un film pour adultes. [이것은 성인용 영화이다] |
|---|---|
| ~로 | J'achète cette maison pour 2000000 de euros.<br>[난 이 집을 2백만 유로에 샀어] |
| ~향한 | Ce train part pour Paris. [이 기차는 파리를 향해 떠난다] |
| 예정 | L'examen est pour aujourd'hui. [시험은 오늘 예정이다] |

7. sortir [외출하다]

| Je | sors | Nous | sortons |
|---|---|---|---|
| Tu | sors | Vous | sortez |
| Il, Elle | sort | Ils, Elles | sortent |

8. comprendre [이해하다]

| Je | comprends | Nous | comprenons |
|---|---|---|---|
| Tu | comprends | Vous | comprenez |
| Il, Elle | comprend | Ils, Elles | comprennent |

9. vouloir [원하다]

| Je | veux | Nous | voulons |
|---|---|---|---|
| Tu | veux | Vous | voulez |
| Il, Elle | veut | Ils, Elles | veulent |

10. répéter [반복하다 : -éter로 끝나는 1군 동사의 변화]

| Je | répète | Nous | répétons |
|---|---|---|---|
| Tu | répètes | Vous | répétez |
| Il, Elle | répète | Ils, Elles | répètent |

11. finir 끝내다, choisir 선택하다 : le verbe en -ir [-ir로 끝나는 2군 동사들]

| Je | finis | Nous | finissons |
|---|---|---|---|
| Tu | finis | Vous | finissez |
| Il, Elle | finit | Ils, Elles | finissent |

12. prendre, mettre, sortir : le verbe en -re, -(o)ir [-re, -(o)ir로 끝나는 3군 동사들]

| Je | prends | Nous | prenons |
|---|---|---|---|
| Tu | prends | Vous | prenez |
| Il, Elle | prend | Ils, Elles | prennent |

## ❖ GRAMMAIRE 문법 ❖

### 1. l'expression de la négation 부정의 표현

1) ne ... pas

a) sujet + ne + verbe + pas [주어 + ne + 동사 + pas]

| | |
|---|---|
| Tu es libre? [너 시간 있니?] | Non, je ne suis pas libre.<br>[아니, 시간 없어] |
| C'est ton livre? [이거 네 책이니?] | Non, ce n'est pas mon livre.<br>[아니, 내 책이 아니야] |

b) sujet + verbe + l'article indéfini(partitif) + l'objet direct
주어 동사 부정관사(부분관사) 직접목적어

→ sujet + ne + verbe + pas + de + l'objet direct
주어 동사 직접목적어

| | |
|---|---|
| J'ai de l'argent. [나는 돈이 있다] | Je n'ai pas d'argent. [나는 돈이 없다] |
| Je fais un travail. [나는 일을 한다] | Je ne fais pas de travail.<br>[나는 일을 하지 않는다] |

2) ne ... personne : sujet + ne + verbe + personne (l'humain 사람)

| | |
|---|---|
| Tu cherches quelqu'un?<br>[너 누구 찾고 있니?] | Non, Je ne cherche personne.<br>[아니, 아무도 찾지 않아] |

3) ne ... rien : sujet + ne + verbe + rien (la chose 사물)

| | |
|---|---|
| Tu as quelque chose?<br>[너 뭐 좀 가지고 있니?] | Non, je n'ai rien sur moi.<br>[아니, 아무 것도 가지고 있지 않아] |

### 2. le futur proche 근접미래 = aller + l'infinitif du verbe
동사의 원형

| | |
|---|---|
| Je vais partir demain matin.<br>[나는 내일 아침 떠날꺼야] | Nous allons commencer ce travail.<br>[우린 이 일을 곧 시작할꺼야] |

3. vouloir

| | |
|---|---|
| **+ le nom** 명사 | Je veux cette montre. [난 이 손목시계를 원해] |
| **+ l'infinitif du verbe** | Il veut quitter ce pays. [그는 이 나라를 떠나고 싶어해] |

4. à

| **+ lieu** 장소 | | **+ chez + personne** 사람 | |
|---|---|---|---|
| Je vais | à la gare. [난 역에 간다] | Je vais chez | le médecin. [의사] |
| | à l'hôtel. [호텔에 간다] | | moi. [내 집] |
| | aux toilettes. [화장실에 간다] | | Pierre. [삐에르 집] |

5. le féminin de certains adjectifs [**어떤 형용사들의 여성형**]

| | | | | |
|---|---|---|---|---|
| **-n** | **-nne** | bon → bonne<br>좋은 | un bon cheval<br>[좋은 말] | une bonne mémoire<br>[좋은 기억력] |
| **-f** | **-ve** | neuf → neuve<br>새로운 | un toit neuf<br>[새로운 지붕] | une voiture neuve<br>[새로운 자동차] |
| **-er** | **-ère** | léger → légère<br>가벼운 | un métal léger<br>[가벼운 금속] | une blessure légère<br>[가벼운 상처] |

6. l'adjectif démonstratif [**지시형용사**]

| M. S | | M. S : voyelles, h | | F. S | | Pl | |
|---|---|---|---|---|---|---|---|
| **ce** | ce garçon<br>[이 소년] | **cet** | cet étudiant<br>[이 학생]<br>cet hôtel<br>[이 호텔] | **cette** | cette fille<br>[이 소녀] | **ces** | ces hommes<br>[이 남자들] |

❖ EXERCICE 연습문제 ❖

1. 다음 문장을 순서에 맞게 배열하시오.
   1) cet / connais / pas / Je / homme / ne
      →
   2) Il / parents / pas / à / téléphone / ne / ses
      →
   3) télévision / pas / beaucoup / aime / Je /n' / la
      →
   4) d'accord / suis / ne / Je / vous / avec / pas
      →

2. 다음 문장을 보기처럼 쓰시오.
   ex) Il achète une voiture? → Non, il n'achète pas de maison.
   1) Vous avez des enfants? → Non, je n'ai pas (     ) enfants.
   2) Tu fais un voyage? → Non, je ne fais pas (     ) voyage.
   3) Tu aimes le tennis? → Non, je n'aime pas (     ) tennis.
   4) C'est un musée? → Non, ce n'est pas (     ) musée, c'est (     ) hôtel.

3. 보기처럼 부정문으로 답하시오.
   ex) Vous avez une voiture? → Non, je n'ai pas de voiture.
   1) Il achète une maison? →
   2) Est-ce qu'il y a un livre sur la table? →
   3) Elle a un chien? →
   4) Vous avez de l'argent? →
   5) Vous préparez un examen d'entrée? →

4. 보기처럼 부정문으로 답하시오.
   ex) Vous mangez de la viande?
   → Non, je ne mange pas de viande.
   1) Vous mettez du sucre dans votre café? →
   2) Tu prends du pain au déjeuner? →
   3) Tu veux du thé? →
   4) Vous buvez du vin à tous les repas? →
   5) Est-ce qu'il y a de l'ail dans la sauce? →

5. 다음 남성형은 여성형을, 여성형은 남성형을 쓰시오.

| grand | | actif | |
|---|---|---|---|
| | légère | | grosse |
| nouveau | | | vive |
| cher | | mignon | |
| | bonne | | |

6. 다음 중 알맞은 것을 고르시오.
   1) Ma maison / Mon appartement est ancienne.
   2) La lune / Le soleil est claire.
   3) Cette voiture / Ce vêtement est chère.
   5) Cette femme / Cet homme est actif.
   6) Le garçon / La fille est mignonne.

7. 알맞은 것을 선택하시오.
   1) Tu aimes cette / cet / ce chanson?
   2) Ce / Cet / Cette arbre est très grand.
   3) Ce / Cet / Cette étudiante travaille bien.
   4) Ce / Cet / Cette stylo est à qui?
   6) Ils adorent ces / cette / cet enfants.

8. 다음을 알맞게 연결하시오.

| | |
|---|---|
| 1) Ce | a) amie est italienne. |
| 2) Cet | b) acteur est très beau. |
| 3) Cette | c) monsieur est gentil. |
| 4) Ces | d) hommes sont sympas. |

9. 빈칸에 ce, cet, cette, ces 중 알맞은 것을 골라 쓰시오.
   1) Vous connaissez [ ] homme ?
   2) [ ] professeur de français est beau.
   3) Tu habites dans [ ] appartement ?
   4) Il y a beaucoup de filles dans [ ] école.
   5) Tu travailles [ ] après-midi ?
   6) Je n'aime pas beaucoup [ ] femmes.

10. 다음을 전치사 à, avec, de 와 함께 ne ~ personne, ne ~ rien을 쓰시오.

ex) À quoi tu penses? Je ne pense à rien.

1) De quoi parlez-vous? Je ne parle [ ].
2) À qui téléphones-tu? Je ne téléphone [ ].
3) De qui pensez-vous? Je ne pense [ ].
4) Avec qui travaillez-vous? Je ne travaille [ ].
5) De quoi discutez-vous? Nous ne discutons [ ].

## Leçon 7. Au téléphone 전화로

| | |
|---|---|
| Pierre | Allô? Je suis bien chez Marie?<br>여보세요? 마리네 집이죠? |
| Mme Dupont | Oui. Qui est à l'appareil? 네. 누구시죠? |
| Pierre | Bonjour Mme Dupont. C'est Pierre.<br>안녕하세요 뒤퐁 부인. 저 삐에르에요. |
| Mme Dupont | Ah, c'est toi, Pierre. Comment ça va?<br>아, 너구나 삐에르. 어떻게 지내니? |
| Pierre | Je vais très bien, merci. 잘 지냅니다. 고맙습니다. |
| Mme Dupont | Attends un instant. Je te passe Marie. Marie! Le téléphone pour toi. 잠깐 기다려. 마리 바꿔줄게. 마리! 너한테 전화! |
| Marie | J'arrive tout de suite. (...) Allô? 금방 갈께요. 여보세요? |
| Pierre | Marie? C'est moi, Pierre. Ça va? 마리, 나 삐에르. 잘 지내? |
| Marie | Pas mal. Et toi? 나쁘지 않아. 너는? |
| Pierre | Bof! Tu sais, j'ai complètement raté mes examens, alors...<br>그냥! 시험들을 완전히 망쳐서... |
| Marie | Mais, ce n'est pas la première fois que tu rates tes examens, n'est-ce pas?<br>네가 시험 망친게 처음이 아니잖아, 그렇지 않니? |
| Pierre | Quoi! Qu'est-ce que tu dis? 뭐라구! 너 뭐라구 했어? |
| Marie | Calme-toi! Je plaisante. Au fait, pourquoi tu m'appelles?<br>흥분가라앉혀. 농담이야. 근데 왜 전화했는데? |
| Pierre | Qu'est-ce que tu fais ce soir? 오늘 저녁 뭐하니? |
| Marie | Rien de spécial. Pourquoi? 특별한 것 없어. 왜? |
| Pierre | Ça tombe bien, parce que j'ai des tickets pour un concert de Rock. 잘 됐다. 나한테 락콘서트 표가 있거든. |
| Marie | Ah bon? C'est génial! 아 그래? 잘 됐네! |
| Pierre | Alors, tu veux venir avec moi? 그럼 나랑 갈래? |
| Marie | Bien sûr. J'adore le rock. 물론이지. 나 락 무척 좋아해. |
| Pierre | Bon, on se voit devant la poste à 17 heures.<br>좋아, 17시에 문 앞에서 만나자. |
| Marie | D'accord! À tout à l'heure! 알았어! 이따 봐! |

## ❖ VOCABULAIRE 어휘 ❖

1. au téléphone [전화상으로]

<table>
<tr><td rowspan="4">Allô? Pierre est là?<br>[여보세요?<br>삐에르 있습니까?]</td><td colspan="2">Oui, attendez un instant. Je vous le passe.<br>[예, 잠시 기다리세요. 바꿔드릴께요]</td></tr>
<tr><td colspan="2">Non, il n'est pas là. Vous voulez laisser un message?<br>[아니오, 지금 없어요. 메시지를 남기시겠어요?]</td></tr>
<tr><td>Qui est à l'appareil?</td><td rowspan="2">[전화하신 분은 누구시죠?]</td></tr>
<tr><td>De la part de qui?</td></tr>
</table>

2. Qui : pronom interrogatif [의문대명사]

| | | | |
|---|---|---|---|
| **sujet** | 주어 | Qui a raison? | [누가 옳은 거니?] |
| **objet direct** | 직접목적어 | Qui cherchez-vous? | [당신은 누구를 찾으시죠?] |
| **attribut** | 속사 | Qui êtes-vous? | [당신은 누구십니까?] |
| **préposition** | 전치사 | De qui parlez-vous? | [누구에 대해 말하는 거죠?] |

3. attendre [기다리다]

| | | | |
|---|---|---|---|
| J' | attends | Nous | attendons |
| Tu | attends | Vous | attendez |
| Il, Elle | attend | Ils, Elles | attendent |

4. passer

| | | | |
|---|---|---|---|
| Je | passe | Nous | passons |
| Tu | passes | Vous | passez |
| Il, Elle | passe | Ils, Elles | passent |

| | |
|---|---|
| **verbe intransitif** 자동사 | Le train passe sur le pont.<br>[기차가 다리 위로 지나간다] |
| **verbe transitif** 타동사 | Il passe son examen. [그는 시험을 치른다] |

## ❖ GRAMMAIRE 문법 ❖

### 1. Les pronoms du complément d'objet direct et indirect [직, 간접 목적보어 인칭대명사]

직접 또는 간접목적어로 쓰인 명사의 반복을 피하기 위해 사용하는 인칭대명사로서 그 형태는 다음과 같다 :

<table>
<tr><td colspan="2" rowspan="2"></td><td colspan="3">Singulier 단수</td></tr>
<tr><td colspan="2">directe 직접</td><td>indirecte 간접</td></tr>
<tr><td colspan="2">Je</td><td colspan="3">me (m')</td></tr>
<tr><td colspan="2">Tu</td><td colspan="3">te (t')</td></tr>
<tr><td rowspan="2">Il</td><td rowspan="2">Elle</td><td>le</td><td>la</td><td rowspan="2">lui</td></tr>
<tr><td colspan="2">l'</td></tr>
<tr><td colspan="2"></td><td colspan="3">Pluriel 복수</td></tr>
<tr><td colspan="2">Nous</td><td colspan="3">nous</td></tr>
<tr><td colspan="2">Vous</td><td colspan="3">vous</td></tr>
<tr><td>Ils</td><td>Elles</td><td colspan="2">les</td><td>leur</td></tr>
</table>

1) la position : sujet + pronom du complément d'objet direct, indirect + verbe
(위치 / 주어 / 직, 간접 목적보어 인칭대명사 / 동사)

<table>
<tr><td rowspan="3">SG 단수</td><td>Je vends ma maison. [난 내 집을 판다]<br><직접목적보어 여성단수></td><td>Je la vends.</td></tr>
<tr><td>J'aime mon mari. [난 내 남편을 사랑한다]<br><직접목적보어 남성단수></td><td>Je l'aime.</td></tr>
<tr><td>Je téléphone à Marie. [난 마리에게 전화한다]<br><간접목적보어></td><td>Je lui téléphone.</td></tr>
</table>

<table>
<tr><td>Pl 복수</td><td>J'achète des voitures. [난 차들을 산다]<br><직접목적보어 복수></td><td>Je les achète.</td></tr>
<tr><td></td><td>Ils écrivent à leurs parents.<br>[그들은 부모님께 편지를 쓴다]<br><간접목적보어 복수></td><td>Ils leur écrivent.</td></tr>
</table>

2) le passé composé 복합과거 :

le sujet + les pronoms d'objets directs·indirectes + participe passé
주어 직·간접 목적보어 인칭대명사 과거분사

■ **시제가 복합과거 즉 조동사 avoir를 사용하는 경우**

| **le pronom d'objet direct : l'accord du participe passé**<br>과거분사는 직접목적보어 대명사의 성과 수에 일치해야 한다. | |
|---|---|
| J'ai vu le garçon.<br>[나는 그 소년을 보았다] | Je l'ai vu. [le garçon: 남성단수] |
| J'ai mangé cette pomme.<br>[나는 이 사과를 먹었다] | Je l'ai mangée. [pomme: 여성단수] |
| Il a terminé les devoirs.<br>[그는 숙제를 끝냈다] | Il les a terminés. [les devoirs: 남성복수] |
| Nous avons vendu ces maisons.<br>[우린 이 집들을 팔았다] | Nous les avons vendues. [여성복수] |
| **le pronom d'objet indirect : pas l'accord du participe passé.**<br>간접목적보어 대명사인 경우 과거분사와 일치하지 않는다. | |
| J'ai téléphoné à ma copine.<br>[나는 여자친구에게 전화했다] | Je lui ai téléphoné. [여성단수] |
| Il a parlé à ses parents.<br>[그는 부모님께 말했다] | Il leur a parlé. [혼성복수] |

3) les verbes transitifs d'objet indirect [**간접목적어를 취하는 타동사들**]
목적어를 취하는 타동사들 중 전치사를 동반한 목적어를 요구하는 동사들이 있는데 이를 간접타동사라 일컫는다.

| | | |
|---|---|---|
| **écrire à qn** | Il a écrit une lettre à sa mère.<br>[그는 어머니께 편지를 쓴다] | Il lui a écrit. |
| **nuire à qn, qc** | Le tabac nuit à la santé.<br>[담배는 건강에 해롭다] | Le tabac lui nuit. |
| **obéir à qn** | Le chien obéit à son maître.<br>[개는 주인에게 복종한다] | Le chien lui obéit. |
| **téléphoner à qn** | Paul téléphone à sa femme.<br>[뽈은 아내에게 전화한다] | Pierre lui téléphone. |
| **parler à qn** | Elle parle à son amie.<br>[그녀는 친구에게 말을 한다] | Elle lui parle. |

2. le passé composé [**복합과거**]

동사 + 과거분사의 형태로 과거의 시제를 나타낸다.

| **être + les verbes intransitifs (parti, sorti, arrivé, ...)**<br>자동사의 과거분사 |
|---|
| Je suis arrivé à l'heure. [난 정시에 도착했다] |
| **avoir + les verbes transitifs (acheté, mangé, aimé, ...)**<br>타동사의 과거분사 |
| J'ai acheté un chat. [난 고양이를 샀다] |

3. Le participe passé [**과거분사**]

과거분사는 동사의 군(1, 2, 3군)에 따라 형태가 다음과 같다 :

| | | | | | |
|---|---|---|---|---|---|
| 1 | **-er** | **-é** | changer<br>[바꾸다] | manger<br>[먹다] | travailler<br>[일하다] |
| | 1군 동사 | 과거분사 | changé | mangé | travaillé |
| 2 | **-ir** | **-i** | choisir<br>[선택하다] | finir<br>[끝내다] | |
| | 2군 동사 | 과거분사 | choisi | fini | |
| 3 | **-ir, -re** | **-i, -s** | sortir<br>[외출하다] | prendre<br>[잡다] | |
| | 3군 동사 | 과거분사 | sorti | pris | |

4. L'impératif [**명령법** : 2ème personne du singulier ou pluriel]

상대방에게 무엇인가를 요구하거나 지시할 때 사용하는 문자의 유형으로 원칙적으로 2인칭 단수 또는 복수에 사용한다.

| | | | |
|---|---|---|---|
| singulier<br>단수 | **V -es ...**<br>어미:-es | Prends le taxi!<br>[택시를 타!] | Attends une minute!<br>[잠깐 기다려!] |
| pluriel<br>복수 | **V -ez ...**<br>어미:-ez | Prenez le taxi!<br>[택시를 타세요!] | Attendez une minute!<br>[잠깐 기다리세요!] |

■ 어미가 -er로 끝나는 1군 동사의 경우 2인칭 단수에서 -e가 되는 반면 뒤에 오는 요소가 모음이나 묵음의 h 로 시작하면 발음상의 이유로 -es가 된다.

| V en -er | SG 단수 | **-e + consonne** | Mange cette pomme!<br>[이 사과를 먹어!] |
|---|---|---|---|
| | | **-es + voyelles, h muet** | Manges-en!<br>[이것을 먹어!] |

### ❖ EXERCICE 연습문제 ❖

1. 직접목적보어 인칭대명사가 대체할 수 없는 것을 고르시오.

1) Il la regarde. a) la télévision b) sa mère c) son ami
2) Je l'aime. a) ce voisin b) cette fille c) ces enfants
3) Elle les invite au dîner. a) ses amis b) sa famille c) les professeurs
4) Je le cherche. a) mon chien b) mon fils c) mon étudiante

2. 밑줄 친 부분을 le, la, l', les 중 선택하여 대체하시오.

1) Il visite <u>le musée</u>. [ ]
2) Elles rencontre <u>son mari</u>. [ ]
3) Je prends <u>ce dessert</u>. [ ]
4) Vous voulez <u>cette maison</u>? [ ]
5) J'adore <u>cet acteur</u>. [ ]

3. 보기처럼 질문에 답변하시오.

ex) Tu aimes la musique? → Oui, je l'aime.

1) Tu prends le métro tous les matins? → Oui, je [ ] prends tous les matins.
2) Vous écoutez souvent la radio? → Oui, je [ ] écoute tous les soirs.
3) Vous achetez ces disques? → Oui, je [ ] achète.
4) Vous vendez votre ordinateur? → Oui, je [ ] vends.
5) Vous aimez cette chanson? → Oui, je [ ] aime bien.
6) Vous connaissez cet homme? → Oui, je [ ] connais bien.

4. me, m', te, t'로 빈칸을 채우시오.

1) Je [ ] interdis de sortir ce soir.
2) Si tu as besoin d'aide, tu [ ] téléphones.

3) Je [ ] explique cette phrase encore une fois.
4) Tu [ ] donnes des nouvelles?
5) Je [ ] envoie ce colis demain.
6) Qu'est-ce que tu [ ] dis?

5. 밑줄 친 부분을 간접목적보어 인칭대명사로 대체하시오.
1) Il écrit une lettre à ses parents. [ ]
2) Elle demande le chemin au policier. [ ]
3) Paul offre une bague à sa femme. [ ]
4) Le professeur pose des questions aux étudiants. [ ]
5) Il parle à son amie. [ ]

6.다음을 순서에 맞게 배열하시오.
1) vous/une/Je/questions/pose/facile. →
2) m'/Tu/chemin/indiques/le? →
3) message/lui/Vous/un/laissez? →
4) les/Elles/toutes/écrit/nous/semaines. →
5) Les/obeissent/leur/bien/étudiants. →

7.다음 빈칸에 알맞은 보어 대명사를 쓰시오.
1) Tu téléphones souvent à tes parents?
→ Oui, je [ ] téléphone tous les jours.
2) Vous parlez à vos enfants?
→ Oui, nous [ ] parlons le plus souvent possible.
3) Tu dis la vérité à tes parents?
→ Oui, je [ ] dis la vérité, généralement.
4) Vous expliquez tout aux enfants?
→ Oui, je [ ] explique tout franchement.

8. 보기처럼 문장을 복합과거로 다시 쓰시오.
ex) Tu comprends cette pharse? → Tu as compris cette phrase?
1) Il finit ses devoir? →
2) Tu vas à l'école? →
3) Elle parle à son professeur? →
4) Il achète une maison? →
5) Il sort de la maison? →

9. 보기처럼 과거분사의 원형을 쓰시오.

ex) Il a pris un taxi. [prendre ]

1) Il a fait du football ce matin. [ ]
2) Tu as vu le dernier film de Luc Besson? [ ]
3) Il a choisi sa cravate. [ ]
4) Je suis allé à la bibliothèque. [ ]
5) Ils sont partis très tôt. [ ]
6) Un homme est venu te voir. [ ]

10. 보기처럼 문장을 현재시제로 쓰시오.

ex) Il a neigé. → Il neige.

1) Nous avons regardé la télévision. →
2) Elle a appris le français. →
3) Tu as lu le dernier roman d'Umberto Eco? →
4) Elle est venue de Paris. →
5) Il est rentré tard.

11. 빈칸에 être 또는 avoir를 선택하여 쓰시오.

1) Il [ ] écrit une lettre à ses parents.
2) Elle [ ] entrée dans sa chambre.
3) Nous [ ] parlé de ce problème.
4) Il [ ] devenu médecin.
5) Je [ ] tombé de haut.

12. 보기처럼 다음 문장들을 명령문으로 다시 쓰시오.

ex) Tu dois vérifier l'huile. → Vérifie l'huile.

1) Vous devez recharger la batterie. →
2) Tu dois acheter l'essence. →
3) Vous devez terminer votre travail. →
4) Vous devez fermer la porte. →
5) Tu dois venir demain. →

## Leçon 8. C'est difficile à conduire 운전하는 것은 어려워

| | |
|---|---|
| Marie | Salut, Jacques. 안녕, 자끄. |
| Jacques | Salut, Marie. 안녕, 마리. |
| Pierre | Mais, qu'est-ce que c'est ça? C'est ta voiture?<br>어 이게 뭐야? 네 자동차니? |
| Jacques | Non, c'est celle de mon père. Tu sais? J'ai enfin obtenu le permis de conduire. Alors, mon père m'a autorisé à utiliser sa bagnole.<br>아니, 아버지 자동차야. 너 그거 알아? 내가 결국 운전면허를 땄다는 거 아니냐. 그래서 아버지가 차를 사용하도록 허락해주셨어. |
| Pierre | C'est superbe! 잘 됐다! |
| Jacques | J'ai l'intention de faire un tour. Tu viens?<br>한바퀴 돌 생각인데 갈래? |
| Pierre | Volontiers! 기꺼이! |
| Jacques | Et toi? 너는? |
| Marie | Je veux bien, mais j'hésite quand même.<br>그러고 싶지만, 그래도 주저하게 되네. |
| Jacques | Ne t'inquiète pas. Je vais conduire doucement.<br>걱정하지마. 조심스럽게 운전할꺼니까. |
| Marie | Tu me le promets? 약속할 수 있어? |
| Jacques | Je te le jure. 너에게 맹세할게. |
| Marie | Bon, dans ce cas-là, je viens avec vous.<br>좋아, 그렇다면 너희와 같이 가지. |

## 1. Sur la route 도로에서

| | |
|---|---|
| Marie | Attention! 조심해! |
| Jacques | Tu es aveugle ou quoi! Quel con!<br>너 장님이야 뭐야! 한심한 녀석같으니라구! |
| Pascal | Ne t'énerve pas! 신경질 내지마! |
| Jacques | Tu vois? On ne cède jamais la place au débutant. Pourtant, ils ont été aussi des débutants.<br>너 봤지? 초보자한테 절대 자리를 양보하지 않는다니까. 그렇지만 자기들 역시 초보일때가 있었잖아. |
| Marie | Oui, mais tu roules trop vite. Tu as dépassé la limite de vitesse. 그래, 하지만 너 너무 빨리 달려. 제한속도를 넘었어. |
| Pascal | Ah bon? Je n'ai pas remarqué.<br>아 그래? 몰랐어. |
| Marie | Il vaut mieux entrer dans la ville. Même s'il y a des bouchons, tu ne pourras pas rouler vite.<br>시내로 들어가는게 낫겠어. 길이 막히더라도 빨리 달리지는 못할테니까. |
| Pascal | Tu as raison! 네 말이 옳아! |

## 2. Dans la ville 시내에서

| | |
|---|---|
| Pascal | Il n'y a pas beaucoup de voitures dans cette rue.<br>거리에 차가 많지가 않네. |
| Pierre | C'est bizarre! 이상하네! |
| Agent | Vous êtes aveugles? Vous n'avez pas vu le panneau?<br>당신들 장님이야? 표지판도 안봤어? |
| Pascal | Qu'est-ce qu'il y a? 무슨 일이죠? |
| Agent | Vous êtes entrés dans une rue à sens unique. Dans ce sens, c'est interdit.<br>당신들 일방통행 길로 들어왔잖아. 이 방향으로는 진입금지야. |
| Marie | Ce n'est pas vrai! 말도 안돼! |
| Pierre | Quel cauchemar! 정말 악몽이군! |

### ❖ VOCABULAIRE 어휘 ❖

1. obtenir [~을 얻다]

| J' | obtiens | Nous | obtenons | p. p [과거분사] |
|---|---|---|---|---|
| Tu | obtiens | Vous | obtenez | obtenu |
| Il, Elle | obtient | Ils, Elles | obtiennent | |

2. conduire [운전하다]

| Je | conduis | Nous | conduisons | p. p |
|---|---|---|---|---|
| Tu | conduis | Vous | conduisez | conduit |
| Il, Elle | conduit | Ils, Elles | conduisent | |

3. autoriser [허락하다]

| J' | autorise | Nous | autorisons | **p. p** |
|---|---|---|---|---|
| Tu | autorises | Vous | autorisez | **autorisé** |
| Il, Elle | autorise | Ils, Elles | autorisent | |

| | |
|---|---|
| **+ l'objet direct**<br>직접목적어 | Le gouvernement autorise une réunion.<br>[정부는 회합을 허용한다] |
| **+ qc + à + qn**<br>사물 사람 | Mon père autorise le mariage à ma sœur.<br>[아버지가 누이에게 결혼을 허락한다] |
| **l'objet indirect + à + Vinf**<br>간접목적어 동사원형 | Le professeur nous autorise à sortir.<br>[선생님은 우리에게 외출을 허락하신다] |

4. avoir l'intention de + Vinf [~할 생각이다]

Il a l'intention de partir pour toujours. [그는 영원히 떠날 생각이다]

5. promettre [약속하다]

| Je | promets | Nous | promettons | **p. p** |
|---|---|---|---|---|
| Tu | promets | Vous | promettez | **promis** |
| Il, Elle | promet | Ils, Elles | promettent | |

| | |
|---|---|
| **+ qc + à + qn**<br>~을 ~에게 약속하다 | Il a promis le mariage à Marie.<br>[그는 마리에게 결혼을 약속했다] |
| **+ à + qn + de + Vinf**<br>~할 것을 ~에게 약속하다 | Elle a promis à son fils d'acheter une voiture.<br>[그녀는 아들에게 차를 사 줄 것을 약속했다] |

6. Il vaut mieux + Vinf [~하는 편이 낫다]

Il vaut mieux rentrer tôt. [일찍 귀가하는 것이 낫겠어]

7. avoir + raison <> avoir tort [옳다 <> 틀리다]

8. interdire [~을 금하다]

| J' | interdis | Nous | interdisons | **p. p** |
|---|---|---|---|---|
| Tu | interdis | Vous | interdisez | **interdit** |
| Il, Elle | interdit | Ils, Elles | interdisent | |

| | |
|---|---|
| **+ qch + à qn**<br>~을 ~에게 금하다 | Le docteur a interdit l'alcool au patient.<br>[의사가 환자에서 술을 금지시켰다] |
| **+ à + qn + de + Vinf**<br>~에게 ~할 것을 금하다 | Le docteur a interdit au patient de boire.<br>[의사가 환자가 술을 마시는 것을 금하였다] |
| **Il est interdit de + Vinf**<br>~하는 것은 금지되어 있다 | Il est interdit de fumer ici.<br>[여기서 담배 피는 것은 금지되어 있다] |

## ❖ GRAMMAIRE 문법 ❖

### 1. Les pronoms démonstratifs [지시 대명사]

우리말에 [그것, 이것]에 해당하는 대명사로 형태는 다음과 같다.

| singulier | | pluriel | |
|---|---|---|---|
| masculin | féminin | masculin | féminin |
| **celui** | **celle** | **ceux** | **celles** |

1) 소유

Cette voiture est à qui? C'est celle de Jean.
[이 자동차 누구거니?] [그거는 장의 것이야]
Ta voiture ressemble beaucoup à celle de mon père. (=voiture)
[네 자동차는 네 아버지 것과 많이 비슷하다]

2) -ci 는 가까이 있는 것, -là 는 먼곳에 있는 것을 나타낸다

Celui-ci coûte plus cher que celui-là. [이것이 저것보다 더 비싸]

■ **중성형 (ça)**

cela 의 구어체적 표현이다
Qu'est-ce que c'est que ça? [이게 도대체 뭐야?]

### 2. L'exclamation :[감탄]

| | | |
|---|---|---|
| **Comme + le sujet + le verbe**<br>주어 동사 | | Comme elle est belle!<br>[그녀는 정말 아름답군!] |
| **Quel + (l'adjectif) + le nom**<br>형용사 명사 | | Quelle (belle) femme!<br>[아름다운 여인이군!] |
| **Que** | **+ le sujet + le verbe**<br>주어 동사 | Qu'il est beau!<br>[그는 정말 잘생겼어!] |
| | **+ de + le nom**<br>명사 | Que de gens!<br>[사람 정말 많군!] |

3. L'imparfait [반과거]

| Je | sav**ais** | Nous | sav**ions** |
|---|---|---|---|
| Tu | sav**ais** | Vous | sav**iez** |
| Il, Elle | sav**ait** | Ils, Elles | sav**aient** |

| |
|---|
| **la répétition ou l'habitude dans le passé** 과거의 반복이나 습관<br>→ Ils venaient me voir le week-end. [그는 주말마다 나를 보러 오곤 했다] |
| **la description au passé** 과거 사실의 기술<br>→ Il y avait une fête : on criait, on dansait, on chantait ...<br>[축제가 있었어 : 우린 소리지르고 춤추고 노래를 했지] |

4. Le futur simple [단순미래]

| Je | manger**ai** | Nous | manger**ons** |
|---|---|---|---|
| Tu | manger**as** | Vous | manger**ez** |
| Il, Elle | manger**a** | Ils, Elles | manger**ont** |

❖ Exercice 연습문제 ❖

1. 보기에서 골라 빈칸을 채우시오.

| celui | celle | ceux | celles | ça |
|---|---|---|---|---|

1) Cette maison est à qui? → C'est [ ] de mon père.
2) Tu veux ce gâteau? → Non, je préfère [ ]-là.
3) Tu veux [ ]? → Oui, merci.
4) Ces chiens sont à toi? → Non, ce sont [ ] de mon voisin.
5) Vous aimez ces photos? → Non, je préfère [ ]-là.

2. 보기와 같이 지시형용사와 지시대명사를 쓰시오.

ex) J'adore cet hôtel, là à gauche.

→ Moi. je préfère celui-là, à droite.

1) Toi, tu achètes [ ] vin. Moi, j'achète [ ].
2) Vous prenez [ ] chaise. Moi, je prends [ ].
3) Tu aimes [ ] disque? Moi, j'adore [ ].
4) Ma femme veut acheter [ ] maison, mais je veux acheter [ ].

3. 보기처럼 문장을 완성하시오.

ex) J'habitais à Paris. [habiter]

1) Mon mari [ ] professeur de français. [être]
2) Il [ ] travailler de bonne heure. [partir]
3) Je [ ] le dîner au restaurant. [prendre]
4) Elle [ ] me voir après le travail. [venir]
5) Mon père [ ] la télé après le dîner. [regarder]

4. 보기처럼 문장을 반과거로 다시 쓰시오.

ex) Elle parle trop. → Elle parlait trop.

1) Elle met une belle robe le dimanche. →
2) Il veut devenir professeur comme son père.→
3) Elle joue du piano. →
4) Je vois des amis pendant les vacances. →
5) Ils sont étudiants de ma classe. →

5. 빈칸을 주어진 동사를 이용하여 단순미래로 쓰시오.

1) Je [ ] infirmier. [être]
2) Il [ ] à faire du ski. [apprendre]
3) Nous [ ] un appartement. [acheter]
4) Ils [ ] la semaine prochaine. [revenir]
5) Ma fille [ ] demain. [partir]

## Leçon 9. Le service militaire 군 복무

| | |
|---|---|
| Pierre | Jeanne! Où étais-tu? Je te cherchais partout.<br>잔느! 너 어디 있었니? 한참 찾았잖아! |
| Jeanne | J'était à la bibliothèque. 나 도서관에 있었어. |
| Pierre | Quoi? Tu rigoles? 뭐라구? 농담하니? |
| Jeanne | Mais, non. J'étais vraiment à la bibliothèque. Il y a du chauffage là-bas, alors, c'est assez confortable pour dormir. Mais, pourquoi tu m'as cherché?<br>천만에. 나 진짜 도서관에 있었어. 거기에는 난방장치가 있어서 잠자기에 아주 좋거든. 그런데 왜 나를 찾았는데. |
| Pierre | Tu connais Souwhan, mon ami coréen? Il va rentrer dans son pays après-demain pour faire son service militaire.<br>너 내 한국친구 수환이 알지? 그 친구가 군복무 때문에 모레 자기 나라로 돌아가. |
| Jeanne | Ah bon? 아 그래? |
| Pierre | Alors, on va préparer une surprise pour lui.<br>그래서, 그를 위해 깜짝 파티를 준비하려구. |
| Jeanne | Quel genre de surprise? 어떤 종류의 깜짝 파티인데? |
| Pierre | On n'a pas encore décidé. C'est pour ça que je te cherchais. Tu as une idée?<br>아직 결정하지 못했어. 그것 때문에 너를 찾았어. 뭐 좋은 생각있니? |
| Jeanne | Je ne sais pas. Mais, c'est dur, le service militaire?<br>모르겠어. 근데 군복무가 힘드니? |
| Pierre | En Corée, la plupart des gens doivent faire le service militaire pendant plus de deux ans. C'est obligatoire.<br>한국에서 대부분의 젊은이들이 2년 넘게 군복무를 해. 의무지. |
| Jeanne | Quoi? plus de deux ans? C'est trop long!<br>뭐라구? 2년 넘게라구? 너무 길다! |

| | |
|---|---|
| Pierre | D'ailleurs, l'entraînement est très sévère. Mais le plus dur pendant le service militaire, c'est la séparation des jeunes couples non-mariés. Beaucoup de jeunes femmes n'attendent pas leurs petits amis.<br>게다가, 훈련이 아주 엄격해. 그렇지만 군복무 중 제일 힘든 것은 결혼하지 않은 젊은 쌍들이 헤어지는 거야. 많은 젊은 여자들이 애인을 기다리지 않거든. |
| Jeanne | Quels pauvres garçons! 불쌍한 남자들! |
| Pierre | Oui, mais tant pis. C'est le destin des jeunes coréens.<br>응, 하지만 어쩔 수가 없어. 그게 한국 젊은이들의 운명이니까. |
| Jeanne | Alors, les coréens, qu'est-ce qu'ils font entre amis?<br>그럼 한국애들은 친구들 사이에 무엇을 하는데? |
| Pierre | Ils boivent du Soju jusqu'à l'aube. 새벽까지 소주를 마시지. |
| Jeanne | Dans ce cas-là, on va faire pareil. 그럼 우리도 똑같이 하자. |

### ❖ VOCABULAIRE 어휘 ❖

1. rigoler

| | |
|---|---|
| **= s'amuser** 즐기다 | On a bien rigolé. [아주 재미있었어!] |
| **= plaisanter** 농담하다 | Non, mais! Vous voulez rigoler!<br>[아니, 설마 농담하시는거죠!] |

2. assez ~ pour ~ **[~하기에 충분히 ~한]**

Les enfants sont assez malins pour t'embêter.
[아이들은 너를 귀찮게 하기에 충분할 정도로 영악해]

3. le sens et la position de l'adjectif **[형용사의 위치와 의미]**

형용사들중 명사 앞 또는 뒤의 위치에 따라 의미가 달라지는 것들이 있다

| | | |
|---|---|---|
| **pauvre** | une pauvre femme<br>[불쌍한 여인] | une femme pauvre<br>[가난한 여인] |
| **grand** | un grand homme<br>[위대한 사람] | un homme grand<br>[키가 큰 남자] |
| **dernier** | la dernière personne<br>[마지막 사람] | l'année dernière<br>[지난 해] |
| **ancien** | mon ancien camarade<br>[나의 이전 동료] | la maison ancienne<br>[오래된 집] |

4. pendant [préposition **전치사**]

| | | |
|---|---|---|
| **= durant**<br>~동안 | pendant quelques mois<br>[몇 달 동안] | pendant le voyage<br>[여행 동안] |
| **pendant que**<br>+ 절 | Amusons-nous pendant que nous sommes jeunes.<br>[젊은 동안 즐기자] | |
| **= puisque**<br>~하던 참에 | Pendant j'y pense, n'oubliez pas notre rendez-vous.<br>[생각난 김에, 우리 약속 잊어버리지 마세요] | |

5. plus

| | |
|---|---|
| **comparatif de beaucoup**<br>beaucoup 의 비교급 | Il travaille plus que moi.<br>[그는 나보다 더 많이 일한다] |
| **plus de + le nom + 명사** | Vous voulez un peu plus de café?<br>[커피 좀 더 드시겠어요?] |
| **plus de + le nombre + 수** | plus de la moitié [반 이상] |

6. jeune

| | | |
|---|---|---|
| 젊은 | jeune homme [젊은 남자] | jeune femme [젊은 여인] |
| 나이 어린 | (=cadet) : jeune frère [나이 어린 남동생] | |

7. petit

| | |
|---|---|
| ↔ **grand** 키가 작은 | une petite maison [조그마한 집] |
| = **cadet** 나이 어린 | ma petite sœur [나의 여동생] |
| = **amical** 사랑스런 | ma petite femme [나의 사랑스런 여인] |

## ❖ GRAMMAIRE 문법 ❖

1. le genre de l'adjectif [**형용사의 여성형**]

| | | |
|---|---|---|
| **-er** | **-ère** | leger → legère [가벼운] fier → fière [자부심강한] |
| **-n** | **-nne** | ancien → ancienne [오래된] bon → bonne [좋은] |
| **-f** | **-ve** | neuf → neuve [새로운] |
| | **-ève** | bref → brève [간단한] |
| **-c** | **-che** | blanc → blanche [흰] |
| | **-èche** | sec → sèche [건조한] |
| **-x** | **-se** | sérieux → sérieuse [심각한]<br>heureux → heureuse [행복한] |
| **-t** | **-tte** | sot → sotte [바보같은] |
| **-s** | **-sse** | gros → grosse [뚱뚱한] |

2. <u>des</u> + le pluriel de l'adjectif + le pluriel du nom ➡ <u>de</u>

des는 뒤에 형용사의 복수형 + 명사의 복수형이 오는 경우 de 로 바뀐다.

de belles femmes
[아름다운 여인들]

de jolies filles
[예쁜 소녀들]

3. les adverbes en -ment [-ment으로 끝나는 부사들]

부사들 중 형용사의 어미변화를 통해 이루어지는 파생부사들이 있다

a) le féminin de l'adjectif + -ment [형용사의 여성형 + -ment]

| adjectif | | adverbe |
|---|---|---|
| M. S | F. S | |
| heureux [행복한] | heureuse | heureusement |
| amical [우호적인] | amicale | amicalement |

b) -ent , -ant : -emment, -amment

| | | |
|---|---|---|
| prudent [신중한] | prudente | prudemment |
| méchant [짓궂은] | méchante | méchamment |

❖ EXERCICE 연습문제 ❖

1. 다음 의미에 해당하는 표현을 고르시오.
   1) [오래된 집] → une maison ancienne / une ancienne maison
   2) [비싼 옷] → une robe chère / une chère robe
   3) [새로운 선생님] → un nouveau professeur / un professeur nouveau
   4) [젊은 직원] → un jeune employé / un employé jeune
   5) [불쌍한 아이] → un pauvre enfant / un enfant pauvre
   6) [위대한 사람] → un grand homme / un homme grand

2. 다음 문장을 보기처럼 쓰시오.
   ex) Paul est français. → Marie est française.
   1) Mon frère est petit. → Ma sœur est [ ].
   2) Mon père est italien. → Ma mère est [ ].
   3) Mon fils est travailleux → Ma fille est [ ].
   4) Mon mari est ambitieux. → Ma femme est [ ].
   5) Mon oncle est sportif. → Ma tante est [ ].
   6) Mon cousin est beau. → Ma cousine est [ ].

3. 다음 형용사의 부사형을 쓰시오.

| | | | |
|---|---|---|---|
| 1) certain | [ ] | 2) heureux | [ ] |
| 3) simple | [ ] | 4) vif | [ ] |
| 5) doux | [ ] | 6) évident | [ ] |
| 7) suffisant | [ ] | 8) courant | [ ] |

4. 보기처럼 형용사를 부사로 다시 쓰시오.

ex) Cette voiture est très rapide. → Elle roule rapidement.

1) Cet enfant est tranquille. → Il joue [ ].
2) Cet étudiant est attentif. → Il écoute [ ].
3) Cet homme est très sérieux. → Il travaille [ ].
4) Ce chauffeur de taxi est prudent. → Il conduit [ ].

## Leçon 10. Tu as de la chance! 너 운이 좋구나!

| | |
|---|---|
| Marie | Salut, Jean! 안녕, 장! |
| Jean | Salut! 안녕! |
| Marie | Ça fait longtemps qu'on ne s'est pas vus. Qu'est-ce tu as fait pendant les vacances?<br>우리 못 본지 오래됐어. 방학 동안에 뭐했니? |
| Jean | J'ai voyagé la France. 나는 프랑스를 여행했어. |
| Marie | Tu es riche, toi! 너 부자구나! |
| Jean | Qu'est-ce que tu racontes? J'ai travaillé dur et j'ai économisé de l'argent pour ce voyage.<br>무슨 소리하는 거야? 나 힘들게 일해서 이 여행을 위해 돈을 모았어. |
| Marie | En tout cas, Je t'envie. C'était bien, ce voyage?<br>어쨌든 부럽다. 그래 여행은 좋았니? |
| Jean | On ne peut mieux. 더 이상 좋을 수가 없지. |
| Marie | Raconte-moi vite! 빨리 나에게 얘기해줘! |
| Jean | J'ai vu la tour Eiffel, l'Arc de Triomphe. Je me suis baladé sur les Champs-Élysées en chantant "aux Champs-Élysées", et puis j'ai déjeuné au parc du Luxembourg sous les rayons du soleil.<br>난 에펠탑, 개선문을 보았어. 샹젤리제 노래를 부르면서 상젤리제 거리를 산책했고 햇빛이 내려쬐는 룩상부르그 공원에서 점심을 먹었지. |
| Marie | Donc, c'était le plus beau jour de ta vie.<br>그러니까 네 인생에서 최고의 날이었구나. |
| Jean | Attends! Ce n'est pas fini! 기다려봐! 아직 끝이 아냐! |
| Marie | Quoi? Tu as encore quelques choses à dire?<br>뭐라구? 아직도 할 얘기가 남은거야? |
| Jean | Bien sûr. J'ai enfin rencontré la femme de ma vie.<br>물론이지. 마침내 내 인생의 여인을 만났어. |
| Marie | Comment ça? 그게 무슨 소리야? |

| | |
|---|---|
| Jean | Ça s'est passé dans le métro. Il était très tard, et j'ai pris le métro pour rentrer à l'auberge de jeunesse. Tout d'un coup, j'ai entendu la voix d'une jeune femme. Je me suis retourné, et là-bas, il y avait des mecs qui menaçaient une jeune fille. D'ailleurs, elle était coréenne.<br>일은 지하철에서 일어났어. 아주 늦은 시간이었고 나는 유스호스텔로 돌아가기 위해 지하철을 탔지. 갑자기, 젊은 여인의 목소리가 들리는 거야. 돌아보니까 거기에 젊은 여자를 위협하는 놈들이 있는게 아니겠어. 게다가, 그녀는 한국인이었지. |
| Marie | Comment tu savais qu'elle était coréenne?<br>그녀가 한국인이었다는 것을 어떻게 알았어? |
| Jean | Elle a répété "au secours" en coréen.<br>그녀는 한국말로 "살려주세요"를 반복했거든. |
| Marie | Et alors, tu as fait commment? 그래서 너 어떻게 했는데? |
| Jean | Je me suis approché d'eux, et... 난 그들에게 다가갔지. 그리고... |
| Marie | Et...? Tu les as battus? C'est ça?<br>그리고? 그들을 물리쳤어? 그런거야? |
| Jean | Mais, qu'est-ce que tu racontes? Ils étaient cinq. Je ne suis pas un héros de film.<br>너 무슨 소리 하고 있는거야? 그들은 5명이었다구. 난 영화 속의 영웅이 아니야. |
| Marie | C'est vrai. J'ai complètement oublié que tu étais nul en bagarre.<br>사실이야. 네가 싸움을 전혀 못한다는 것을 완전히 잊고 있었어. |
| Jean | Comment tu peux oublier ce genre de chose?<br>어떻게 그런 것을 잊어버릴 수가 있냐? |
| Marie | Et après, qu'est-ce qui s'est passé? 그리고 나서 어떻게 됐어? |
| Jean | Heureusement, quand ils m'ont battu, les contrôleurs sont venus, et ils se sont enfuis. Cette coréenne s'est approchée de moi avec un visage inquiét, et quand j'ai regardé ses yeux, ça a été le coup de foudre!<br>다행히, 그들이 나를 때리고 있을 때 지하철 감시원들이 와서 그들은 도망을 갔지. 이 한국 여인이 걱정스런 얼굴로 내게 다가왔는데 그녀의 눈을 보는 순간, 난 첫 눈에 반해버렸어. |

| Marie | Je peux imaginer la suite. Vous avez voyagé ensemble, c'est ça?<br>그 뒤는 상상할 수 있겠다. 너희 함께 여행했다는 거지? |
|---|---|
| Jean | Comment tu le sais? 어떻게 알았어? |

### ❖ VOCABULAIRE 어휘 ❖

1. ça = cela [le pronom démonstratif **지시대명사** (cela의 **구어체**)]

| | |
|---|---|
| **les choses** 사물 | Regardez ça! [이것을 봐!] |
| | Qu'est-ce que ça veut dire?<br>[그게 무슨 뜻이지?] |
| **le sujet impersonnel** 비인칭주어 | Comment ça va?<br>[어떻게 지내?] |
| **étonnement** 놀라움 | Ça alors, c'est incroyable!<br>[정말 믿지 못하겠군!] |
| **l'être humain (péjoratif)** 사람 : 경멸 | Ça m'ennuie.<br>[그는 나를 귀찮게 해] |

2. dur [l'adjectif **형용사**]

| | |
|---|---|
| 딱딱한 ↔ **doux** 부드러운 | Sa tête est dure comme le fer.<br>[그의 머리는 쇠처럼 단단해] |
| 힘든 = **pénible, difficile** | C'est dur d'être bébé.<br>[아기라는 건 정말 힘이 들어] |

| | |
|---|---|
| **l'adjectif** 형용사 | tout le temps [m.s : 남성단수] [항상]<br>toute la journée [f.s : 여성단수] [하루 종일]<br>tous les jours [m. pl : 남성복수] [매일] |
| **le pronom** 대명사 | L'argent n'est pas tout. [돈이 전부가 아니다]<br>Je vous invite tous. [너희 모두를 초대할게]<br>Elles sont toutes chez moi. [그녀들 모두 내 집에 있어] |
| **l'adverbe** 부사 | Il est tout petit. [그는 아주 키가 작아] |

3. toute(s) + l'adjectif féminin commencé par les consonnes ou h aspiré
자음이나 유음의 h 로 시작하는 여성 형용사

| 남 성 | 여 성 |
|---|---|
| Il est tout petit.<br>[그는 키가 아주 작다] | Elle est toute petite. |
| Ils sont tout contents.<br>[그들은 아주 만족해한다] | Elle sont toutes contentes. |

4. mieux

| **comparatif de supériorité de bien :** bien의 우등 비교 형태 |
|---|
| Il chante mieux que Pierre.<br>[그는 삐에르보다 노래를 더 잘한다] |
| Elle travaille beaucoup mieux que je ne crois.<br>[그녀는 내가 생각한 것 보다 일을 훨씬 더 잘한다] |
| **l'article défini + mieux : l'adjectif au superlatif :** 형용사 최상급 |
| Le mieux est de ne rien dire.[제일 좋은 것은 아무 말도 하지 않는 것이다] |

5. vite [l'adverbe 부사]

| 빨리 ↔ **lentement** | Il court plus vite que moi.<br>[그는 나보다 더 빨리 달린다] |
|---|---|
| 급하게 = **hâtivement** | Pierre, vite, réveille-toi! [삐에르, 빨리 일어나!] |

6. beau

| m. s | | f. s | m. pl | f. pl |
|---|---|---|---|---|
| **beau** + 자음 | **bel** + 모음, 무성의 h | belle | beaux | belles |

| beau garçon | bel arbre | belle femme | beaux garçons | belles filles |
|---|---|---|---|---|

7. derrière

| | | |
|---|---|---|
| **la préposition**<br>전치사 | **l'endroit**<br>장소 | Je suis juste derrière toi.<br>[난 네 바로 뒤에 있어] |
| | **l'ordre**<br>순서 | Je marche derrière lui.<br>[난 그의 뒤에서 걷고 있어] |
| **l'adverbe**<br>부사 | Il regarde derrière.<br>[그는 뒤를 본다] | |

## ❖ GRAMMAIRE 문법 ❖

1. Les noms du pays [**국가를 나타내는 명사들**]

-e 로 끝나는 여성의 경우 전치사는 en, 그렇지 않은 경우는 à를 쓴다.

| féminin 여성 | prép | | |
|---|---|---|---|
| **-e** | **en** | Je vais | en France, en Corée.<br>[프랑스에, 한국에] |
| masculin | prép | | |
| **-les autres** | **à** | Je vais | au Japon, aux États-Unis.<br>[일본에, 미국에] |

2. Le gérondif = en + -ant

| | |
|---|---|
| **la cause** 원인 | En voyant l'accident de voiture, il roule doucement.<br>[자동차 사고를 보고 그는 천천히 운전한다] |
| **la condition** 조건<br>**la supposition** 추측 | Elle réussira en réfléchissant un peu.<br>[그녀는 조금만 심사숙고하면 성공할꺼야] |
| **la simultaneité** 동시성 | Il regarde la télé en écoutant la radio.<br>[그는 라디오를 들으면서 TV를 본다] |
| **la manière** 방식 | En forgeant, on devient forgeron.<br>[욕하면서 닮아간다] |

3. Le superlatif [**최상급**]

| le, la + plus + l'adjectif + (le nom) + de |
|---|
| Il est le plus grand de nous. [그는 우리들 중 제일 키가 크다] |
| C'est le plus beau jour de ma vie. [내 인생에서 제일 아름다운 날이다] |

4. Il impersonnel [**비인칭 용법의** il]

| | |
|---|---|
| **le temps** 시간 | Il est trois heures. [3시다] |
| **le météo** 날씨 | Il fait froid, chaud. [날씨가 춥다, 덥다] |
| **Il est + l'adjectif + de + Vinf** | Il est facile de conduire. [운전하는 건 쉽다] |

5. Les pronoms relatifs [**관계대명사**]

| | |
|---|---|
| **qui : le sujet** 주어 | L'homme qui travaille là-bas est mon mari.<br>[저기서 일하는 사람이 내 남편이야] |
| **que : l'objet direct** 직접목적 | Voilà le livre que je cherchais!<br>[내가 찾던 책이야] |

## ❖ EXERCICE 연습문제 ❖

1. 빈칸에 qui, que, qu' 중 알맞은 것을 골라 쓰시오.
   1) Les ponts ________ traversent la Seine est nombreux.
   2) Le chalet ________ nous passerons des vacances est à mon père.
   3) L'étudiant ________ travaille à côté de moi est français.
   4) Le programme de la télé ________ je regarde souvent est la 2e chaîne.
   5) Le jupe ________ elle porte est en laine.

2. le(la, les) plus, le(la) moins 중 알맞은 것을 고르시오.
   1) Le parfum, (+) ________ cher du monde, c'et Joy de Patou.
   2) La personne vivante (+) ________ âgée du monde a 121 an en 1996.
   3) Les Français sont (+) ________ gros consommateurs de médicaments du monde.
   4) Jean est (−) ________ petit de ses amis.

3. 보기처럼 gérondif 를 사용하여 문장을 다시 쓰시오.

   ex) Je fais mes devoirs et je regarde la télévision.
   → Je fais mes devoirs en regardant la télévision.

   1) Elle dort et elle rêve.
   →
   2) Le professeur donne des explications et il écrit au tableau.
   →
   3) J'écris une lettre et je pense à Paul.
   →
   4) Paul sort et il ferme la porte.
   →

## Leçon 11. La tristesse des pays faibles 약소국가의 슬픔

| | |
|---|---|
| Pierre | Qu'est-ce qu'il y a? Il y a beaucoup de monde dans la rue.<br>무슨 일이야? 거리에 사람들이 많네. |
| Jeanne | Tu n'as pas regardé la télé? 너 TV 안 봤니? |
| Pierre | Non. Pourquoi? 아니. 왜? |
| Jeanne | Les deux lycéennes coréennes ont été écrasées par le char d'assault américain. 미군 전차가 두 명의 한국 여고생을 치었어. |
| Pierre | Quoi? C'est horrible! 뭐라구? 정말 끔찍하군! |
| Jeanne | Ce n'est pas tout. Ce qui est plus étonnant, c'est que les soldats américains ont été relâchés.<br>그게 다가 아니야. 더 놀라운 것은 미군들이 석방되었다는 거지. |
| Pierre | Comment ça? 어떻게 그럴 수 있지? |
| Jeanne | Le tribunal militaire les a jugés non-coupable.<br>군사재판소가 이들을 무죄라고 판결했어. |
| Pierre | C'est vraiment incroyable! 정말 말도 안되는군! |
| Jeanne | C'est la raison pour laquelle beaucoup de coréens sont en train de manifester contre le despotisme des États-Unis.<br>이러한 이유로 해서 많은 한국인들이 미국의 횡포에 반대해 시위를 하고 있는 중이야. |
| Pierre | Et le gouvernement coréen, qu'est-ce qu'il fait? C'est scandaleux! Les américains font tout ce qu'ils veulent.<br>그럼 한국 정보는 뭐하구? 말도 안되는 일이야! 미국인들을 자신들이 원하는 모든 것을 하는군. |
| Jeanne | Par exemple, les États-Unis ont beaucoup d'armes nucléaires. Malgré tout, ils interdisent aux pays faibles d'avoir des armes nucléaires. 예를 들어서 미국은 많은 핵무기를 보유하고 있어. 그럼에도 불구하고 약소국가들이 핵무기를 보유하는 것을 금하고 있어. |
| Pierre | À mon avis, ils se prennent pour les maîtres de la terre.<br>내 의견으로는 이들은 지구의 주인이라고 생각하는 거지. |
| Jeanne | Eh oui, c'est triste pour les pays faibles.<br>맞아, 그게 약소국가들에게 있어서 슬픈 일이지. |

## ❖ VOCABULAIRE 어휘 ❖

1. le monde

| 지구 = **globe** | faire le tour du monde [세계일주를 하다]<br>champion du monde [세계 챔피언] |
|---|---|
| 사람들 = **foule** | Tout le monde est content. [모든 사람이 만족해 해] |

2. lycéen(ne) [**고등학생**]

| une école | école maternelle [유치원] | un écolier | une écolière |
|---|---|---|---|
| | école primaire [초등학교] | | |
| un collége [중학교] | | un collégien | une collégienne |
| un lycée [고등학교] | | un lycéen | une lycéenne |
| l'université [대학교] | | un étudiant | une étudiante |

3. être en train de + Vinf [~하는 중이다]

   Je suis en train de préparer le dîner. [난 저녁 준비를 하고 있는 중이야]

## ❖ GRAMMAIRE 문법 ❖

1. le passif [**수동태**]

   **a) l'objet de la phrase active est devenu sujet.**
   능동문의 목적어가 주어가 된다.

   **b) le verbe au participe passé se conjugue avec l'auxiliare être.**
   과거분사 형태의 동사는 조동사 être 와 결합한다.

   **c) le sujet de la phrase active est introduit par les prépositions de, par.**
   능동문의 주어는 전치사 de, par 에 의해 유도된다.

la phrase active : Pierre a construit cette maison. [삐에르는 집을 지었다]
sujet l'objet direct

la phrase passive : Cette maison a été constuite par Pierre.

## ❖ EXERCICE 연습문제 ❖

1. 다음 문장을 수동문으로 고치시오.

   1) La police a arrêté le voleur. →
   2) M. Dupont invite notre famille. →
   3) Ma mère prépare le repas. →
   4) Le boulanger fait le pain. →
   5) Tout le monde aime Marie. →
   6) Le directeur a appelé sa secrétaire. →

2. 보기처럼 수동문을 능동문으로 고치시오.

   ex) On a signé l'accord sur les salaires.
   → L'accord sur les salaires a été signé.

   1) On a augmenté le prix d'essence. →
   2) On a abaissé l'âge de retraite. →
   3) On a élu un nouveau président. →
   4) On a installé le sapin au milieu du salon. →
   5) On a préparé le repas spécial. →
   6) On a servi le champagne. →

## Leçon 12. Dans le resto 식당에서

| | |
|---|---|
| Marie | Oh, c'est Jean! 아, 장이다! |
| Pierre | Non, ne l'appelle pas! Il n'a jamais d'argent sur lui. C'est un vrai radin!<br>안돼. 그를 부르지마! 그는 항상 수중에 돈이 없어. 정말 구두쇠야. |
| Marie | Trop tard. Il nous a déjà vus. 너무 늦었어. 우리를 이미 봤어. |
| Jean | Salut! Vous avez fini les cours? 안녕! 너희 수업 끝났니? |
| Pierre | Non, Il reste encore trois cours cet après-midi. Et toi?<br>아니, 오후에 수업 3개 남았어. 너는? |
| Jean | Moi, j'ai juste un cours de français. 난 프랑스어 수업만 있어. |
| Marie | Seulement un cours? Dis-donc, tu as de la chance!<br>딱 수업 하나라구? 그것 참 너 운이 좋구나! |
| Jean | Tu parles! C'est l'enfer, ce cours. 말 마! 그 수업 정말 지옥이야. |
| Marie | Tu prends quoi? 너 뭐 먹을꺼니? |
| Jean | Je n'ai pas d'argent sur moi. J'ai laissé mon portefuille chez moi.<br>수중에 돈이 없어. 지갑을 집에 두고 왔거든. |
| Marie | Comme d'habitude. 늘 그렇듯이 말이지. |
| Jean | Est-ce que je peux goûter vos plats? 너희 음식을 맛봐도 되니? |
| Pierre | Désolé, mais il n'y a plus de couverts.<br>유감이지만 식탁 도구가 없어. |
| Jean | Ne t'inquiète pas. Ça sert à quoi, les doigts?<br>걱정하지마. 손가락은 어따 쓰게? |
| | (Tout d'un coup, Pierre crache dans son plat. Mais, Jean prend le plat de Pierre, et il boit jusqu'à la soupe<br>갑자기, 삐에르가 접시에 침을 뱉는다. 그러나 장은 삐에르의 접시를 들더니 스푸까지 마셔버린다.) |
| Marie | Vous êtes vraiment dégueulasses! 너희 정말 지저분하구나! |

## ❖ VOCABULAIRE 어휘 ❖

1. trop [adverbe 부사]

| | |
|---|---|
| **quantité**<br>양 | C'est trop cher. [너무 비싸다]<br>Il a trop bu. [그는 너무 많이 마셨다] |
| **trop ... pour ...**<br>~하기에 너무 ~하다 | Il est trop tard pour revenir.<br>[되돌아가기에는 너무 늦었어] |

2. juste [adjectif 형용사]

| | |
|---|---|
| 정확한<br>정당한 | Il arrive à l'heure juste. [그는 정확한 시간에 도착했어]<br>C'est juste. [그것은 정당하다] |
| 적당한 | Il l'a acheté à juste prix. [그는 그것을 적당한 값에 샀다] |

3. partager

| | |
|---|---|
| 분배하다 | partager qch en deux par la moitié<br>[~을 반으로 이등분 하여 분배하다] |
| 공유하다 | partager la joie avec qn<br>[~와 즐거움을 공유하다] |

4. servir

| | | | |
|---|---|---|---|
| Je | sers | Nous | servons |
| Tu | sers | Vous | servez |
| Il, Elle | sert | Ils, Elles | servent |

| | |
|---|---|
| 시중을 들다 | servir à table [식사시중을 들다] |
| 대접하다 | servir ses amis [친구들을 대접하다] |

## ❖ GRAMMAIRE 문법 ❖

### 1. de dans les phrases négatives [부정문에서의 de]

긍정문에서의 부정관사 (un, une, des)와 부분관사 (du de la, de l')는 다음의 경우 de 로 바뀐다.

a) le sujet + ne + V + pas + un, une, des + le nom ➡ de
[주어 + ne + 동사 + pas + un, une, des + 명사]

Je mange une pomme. → Je ne mange pas de pomme.
[나는 사과를 먹는다] [나는 사과를 먹지 않는다]

b) Il n'y a pas + un, une, des + .... ➡ de

Il y a un homme dans la rue. → Il n'y a pas d'homme dans la rue.
[거리에 한 남자가 있다] [거리에 남자가 없다]

c) le sujet + ne + V + pas + l'article partitif + le nom ➡ de
부분관사

Je prends du café. → Je ne prends pas de café.
[나는 커피를 마실래] [나는 커피를 마시지 않을래]

## ❖ Exercice 연습문제 ❖

1. 다음 질문에 부정문으로 답하시오.
   1) Tu as des cours aujourd'hui?
      →
   2) Elle obtient un diplôme?
      →
   3) Est-ce que vous avez un professeur intéressant?
      →
   4) Est-ce que tu prends des cours particuliers?
      →

2. 부정문을 사용하여 물음에 답하시오.
   1) Est-ce que tu mets du sucre dans ton café?
      →
   2) Vous mangez du pain au chocolat à tous les repas?
      →
   3) Vous prenez du gâteau?
      →
   4) Est-ce qu'il y a des tomates dans le sandwich?
      →
   5) Tu veux du lait?
      →
   6) Tu bois du vin avec le fromage?
      →

3. 알맞은 것을 선택하시오.
   1) Vous aimez le fromage? → Je n'aime pas le / de fromage.
   2) Tu ranges la chambre? → Je ne range pas la / de chambre.
   3) Il mange des pizzas? → Il n'aime pas de / les pizzas.
   4) Il y a un cheveu dans la soupe? → Il n'y a pas de / le cheveu dans la soupe.
   5) Vous avez de l'eau fraîche ? → Je n'ai pas l' / d'eau fraîche.

## Leçon 13. La Coupe du Monde 월드컵

| | |
|---|---|
| Min | Jigyu! Qu'est-ce que tu as? Tu as l'air très fatigué.<br>지규야! 무슨 일있니? 매우 피곤해 보이는데. |
| Jigyu | Je n'ai pas dormi la nuit dernière. Je suis sorti dans la rue, et on a crié "Daehanmingouk" à plein poumon.<br>지난밤에 잠을 못 잤어. 거리로 나가 숨이 차도록 대한민국을 외쳤어. |
| Min | C'est vrai. Je ne peux pas croire que notre équipe a joué si bien.<br>사실이야. 우리 팀이 그렇게 잘 했다는 것을 믿을 수가 없어. |
| Jigyu | Tout le monde parle du match. 모든 사람들이 경기에 대해 말해. |
| Min | Les supporteurs "les Diable rouges" m'ont impressionés.<br>붉은 악마 응원단들은 내게 깊은 인상을 주었어. |
| Jigyu | Oui, la Corée s'est colorée de rouge. 그래, 한국이 온통 붉었지. |
| Min | Nos joueurs de football nous ont redonné le moral.<br>우리 축구팀이 우리에게 기운을 북돋아주었어. |
| Jigyu | C'est vrai! D'ailleurs, en ce moment, on en a marre des politiciens qui mentent toujours.<br>사실이야! 게다가 요즘 항상 거짓말하는 정치인들에 대해 싫증났지. |
| Min | Ce n'est pas tout. Nous pouvons sentir que la crise économique devient de plus en plus grave.<br>그게 다가 아니지. 경제위기가 점점 더 심각해지는 것을 느낄 수 있어. |
| Jigyu | C'est la raison pour laquelle le moral des coréens était au plus bas.<br>그러한 이유 때문에 한국인들의 기분이 최하였지. |
| Min | À ce moment-là, notre équipe de football a vraiment gagné une victoire éclatante.<br>바로 이런 순간에 우리 축구팀이 정말 값진 승리를 얻는 거야. |
| Jigyu | Surtout, j'adore KIM Namil. Il est mignon.<br>게다가, 나는 김남일을 너무 좋아해. 귀엽게 생겼어. |
| Min | Moi, j'aime beaucoup HONG Myeongbo. Il n'est pas beau, mais il a quelque chose. 난 홍명보가 좋아. 잘 생기진 않았지만 그에겐 뭔가 있어. |
| Jigyu | En tout cas, On se souviendra longtemps de l'euphorie de la coupe du monde. 어쨌든 월드컵의 흥분을 오래 기억할꺼야. |
| Min | Et il faut que tu prépares ton examen, n'est-ce pas?<br>그리고 너는 시험 준비를 해야 하지, 안그래? |
| Jigyu | Ah, j'ai complètement oublié mon examen!<br>아, 시험을 완전히 잊고 있었네! |

### ❖ VOCABULAIRE 어휘 ❖

1. avoir l'air + l'adjectif [~한 것 같아 보인다]

| Tu as l'air fatigué. [피곤해 보여] | Tu as l'air énervé. [신경이 날카로워 보여] |
|---|---|

2. dormir [잠자다]

| Je | dors | Nous | dormons |
|---|---|---|---|
| Tu | dors | Vous | dormez |
| Il, Elle | dort | Ils, Elles | dorment |

3. si [adverbe 부사]

| **si + adj, adverbe** 형용사, 부사 | Il court si vite. [그는 정말 빨리 달린다] |
|---|---|
| **si ... que ... (comparaison)** 비교 | Il n'est pas si intelligent qu'il le croit.<br>[그는 생각하는 거보다 영리하지 않아] |

4. mentir [거짓말하다]

| Je | mens | Nous | mentons |
|---|---|---|---|
| Tu | mens | Vous | mentez |
| Il, Elle | ment | Ils, Elles | mentent |

5. devenir [~가 되다]

| Je | deviens | Nous | devenons |
|---|---|---|---|
| Tu | deviens | Vous | devenez |
| Il, Elle | devient | Ils, Elles | deviennent |

## ❖ GRAMMAIRE 문법 ❖

### 1. Subjonctif [접속법]

불확실한 사실을 주관적으로 표현할 때 사용한다

| Je | **- e** | Nous | **- ions** |
|---|---|---|---|
| Tu | **- es** | Vous | **- iez** |
| Il, Elle | **- e** | Ils, Elles | **- ent** |

■ **다음과 같은 구문에서 종속절에 주로 사용한다.**

| | |
|---|---|
| 명령의 비인칭 | Il faut que je travaille.<br>[나는 일을 해야만 한다]<br>Il faut que tu sois gentil avec elle.<br>[너는 그녀에게 친절해야 한다] |
| 공포 | J'ai peur qu'il parte. [나는 그가 떠날까 두렵다] |
| 강요, 의무 | Il exige que je revienne avant midi.<br>[그는 내가 정오 전까지 되돌아오기를 강요한다] |
| 의혹 | Je doute qu'elle vienne à l'heure.<br>[그녀가 제 시간에 올지 의심스럽다] |
| 부정 | Il est venu malgré qu'il soit malade.<br>[그는 아픔에도 불구하고 왔다] |

### 2. Pronoms relatifs [관계대명사의 복합형]

| M. S | F. S | M. Pl | F. Pl |
|---|---|---|---|
| **lequel** | **laquelle** | **lesquels** | **lesquelles** |

■ **de 이외의 다른 전치사와 함께 쓰일 때**

Sa grand-mère possède un chien; elle se promène souvent avec lui.

→ Sa grand-mère possède un chien avec lequel elle se promène souvent.

[그의 할머니는 개를 가지고 있는데 그 개와 자주 산책을 한다]

### ❖ EXERCICE 연습문제 ❖

1. 주어진 동사를 접속법 현재의 형태로 쓰시오.

| | |
|---|---|
| 1) Il faut qu'il (　　　). | (venir) |
| 2) Il faut que je m'en (　　　). | (aller) |
| 3) Il faut qu'elle (　　　). | (dormir) |
| 4) Il faut que nous (　　　). | (écrire) |
| 5) Il faut qu'elle (　　　). | (boire) |
| 6) Il faut que tu (　　　) là. | (être) |
| 7) Il faut que vous (　　　). | (partir) |

2. 빈칸에 알맞은 형태를 쓰시오.

1) Termine tes devoirs avant qu'il (être) trop tard.
2) Nous sommes heureux bien que nous n'(avoir) pas d'argent.
3) Je pourrai mon mieux pour que tu (pouvoir) le rencontrer.
4) Je vous pardonne à condition que vous ne (faire) pas la même erreur.
5) Il vaut mieux que je m'en (aller).
6) Je veux que ma famille (être) heureuse.

## Leçon 14. La saison cruelle 잔인한 계절

| | |
|---|---|
| Pierre | Qu'est-ce que tu fais, ici? 너 여기서 뭐하니? |
| Jean | Je regarde les feuilles mortes. 낙엽을 보고 있어. |
| Pierre | Qu'est-ce que tu as? Tu deviens poète ou quoi?<br>무슨 일 있니? 시인이 된거야 뭐야? |
| Jean | Toi, tu as une petite amie, alors, tu ne comprendras jamais le sentiment d'un homme solitaire.<br>너는 애인이 있으니까 고독한 남자의 감정을 결코 이해하지 못할꺼야. |
| Pierre | Mais, qu'est-ce que tu racontes? Toi aussi, tu as une petite amie, non? 무슨 소리 하는 거야? 너도 애인이 있잖아, 아냐? |
| Jean | On s'est séparé il y a deux mois. 두 달 전에 헤어졌어. |
| Pierre | Ah bon? Je ne sais pas quoi dire. 아 그래? 뭐라 할 말이 없네. |
| Jean | Tu vas où? 너 어디 가니? |
| Pierre | J'ai un rendez-vous avec Marie. 마리와 약속이 있어. |
| Jean | Je le savais. Pendant que je tremble de solitude comme une feuille, toi, tu vas passer un bon moment avec ta copine. Tu es vraiment mon pote?<br>그럴 줄 알았어. 내가 낙엽처럼 외로움에 떨고 있는 동안 너는 너의 여자친구와 좋은 시간을 보내겠지. 네가 정말 내 친구냐? |
| Pierre | Non, je ne suis pas ton copain. 아니, 나 네 친구 아냐. |
| Jean | ..... |
| Pierre | Non, je rigole. Qu'est-ce que tu veux que je fasse?<br>농담이야. 내가 어떻게 해주길 바래? |
| Jean | Je ne sais pas moi, par exemple, tu demandes à ta copine si elle a une amie sympa, jolie ...<br>나도 모르지, 예를 들어 네 여자친구에게 상냥하고 예쁜 친구가 있는지 물어본다던가... |

| | |
|---|---|
| Pierre | Tu ne penses pas que tu me demandes trop?<br>나에게 너무 많은 것을 요구한다고 생각하지 않니? |
| Jean | Voyons, ce n'est qu'un exemple. Mais si j'étais à ta place, je ferai tout pour toi, mon meilleur ami.<br>이보게 친구, 이건 어디까지나 예일 뿐이야. 하지만 내가 너라면 나는 나의 제일 친한 친구를 위해 모든 것을 다 할꺼야. |
| Pierre | D'accord, je vois ce que tu veux. Je vais le faire.<br>알았어, 네가 원하는데 뭔지 않겠다. 그렇게 할게. |
| Jean | C'est vrai? Tu sais, Tu es super!<br>정말이야? 너 그거 아니, 넌 정말 멋있는 놈이야! |
| Pierre | Ça tombe bien. Ma voiture est en panne. Est-ce que tu peux me prêter la tienne?<br>잘 됐다. 내 자동차가 고장났는데 네 자동차를 빌려줄래? |
| Jean | Et oui, rien n'est gratuit dans la vie!<br>그럼 그렇지, 세상에 공짜란 없다니까! |

### ❖ VOCABULAIRE 어휘 ❖

1. faire

| | | | |
|---|---|---|---|
| Je | fais | Nous | faisons |
| Tu | fais | Vous | faites |
| Il, Elle | fait | Ils, Elles | font |
| ~하다 | Il aime faire du tennis. [그는 테니스 치는 것을 좋아해] | | |
| 직업 | Qu'est-ce que vous faites dans la vie? [직업이 뭐죠?] | | |

2. mort(e)

| | |
|---|---|
| 죽은 | fille morte jeune [젊어서 죽은 소녀]<br>être mort de faim (soif) [배고파(목말라)죽을 지경이다] |

3. solitaire

| | |
|---|---|
| 고독한, 외로운 | vie solitaire [고독한 생활]<br>garçon solitaire [혼자만 있는(있기를 좋아하는) 소년] |

4. comprendre

| Je | comprends | Nous | comprenons |
|---|---|---|---|
| Tu | comprends | Vous | comprenez |
| Il, Elle | comprend | Ils, Elles | comprennent |
| 이해하다 | Je ne comprends rien ce que vous dites.<br>[당신이 말하는 것을 전혀 이해하지 못하겠어요] | | |

5. dire

| Je | dis | Nous | disons |
|---|---|---|---|
| Tu | dis | Vous | dites |
| Il, Elle | dit | Ils, Elles | disent |
| 말하다 | Qu'est-ce que vous dites? [뭐라고 말씀하셨죠?] | | |

6. passer

| | | |
|---|---|---|
| 자동사 | 지나가다 | Il est passé devant la gare. [그는 역 앞을 지나갔다] |
| | 상영되다 | Le film passe dans les salles d'exclusivité.<br>[그 영화는 개봉관에서 상영된다] |
| | 흐르다 | Le temps passe vite. [시간은 빨리 흐른다] |
| 타동사 | 건너가다 | passer un pont [다리를 건너가다] |
| | 시험보다 | passer un examen [시험을 치루다] |

7. la place

| | |
|---|---|
| 자리 | changer de sa chaise place [의자의 자리를 바꾸다] |
| 좌석 | place libre [빈 좌석] |
| 광장 | place de la Concorde [콩코르드 광장] |
| 입장 | Si j'étais à votre place, je partirais.<br>[내가 당시 입장이었다면 떠났을 겁니다] |

## ❖ Grammaire 문법 ❖

1. si [la condition 조건]

| **Si + le sujet + le verbe au présent, le sujet + le futur simple...**<br>(le sujet: 주어, le verbe au présent: 동사의 현재형, le sujet: 주어, le futur simple: 단순미래) |
|---|
| S'il fait beau, je sortirai demain. [날씨가 좋으면 내일 외출할꺼야] |

2. le pronom possessif [소유대명사]

| | M. S | F. S | M. PL | F. PL |
|---|---|---|---|---|
| Je | **le mien** | **la mienne** | **les miens** | **les miennes** |
| Tu | **le tien** | **la tienne** | **les tiens** | **les tiennes** |
| Il, Elle | **le sien** | **la sienne** | **les siens** | **les siennes** |
| Nous | **le nôtre** | **la nôtre** | **les nôtres** | |
| Vous | **le vôtre** | **la vôtre** | **les vôtres** | |
| Ils, Elles | **le leur** | **la leur** | **les leurs** | |

■ **앞에서 언급된 것과 동일한 사물로서 성과 수에 일치한다**

Voici mon livre et voilà le tien (= ton livre).
[이것은 내 책이고 저것은 네 것이야]

Où est ta voiture? La mienne est en panne. (= ma voiture)
[네 자동차는 어디에 있니? 내 것은 고장이 났어]

## ❖ Exercice 연습문제 ❖

1. 다음을 연결하시오.

1) S'il pleut dimanche,
2) S'il gèle cette nuit,
3) Nous ferons une promenade en forêt.
4) Tu mettras des vêtements chauds
5) Je me baignerai
6) Nous prendrons des coups de soleil
7) Claire apportera un parasol
8) S'il fait chaud cet été

a) si la mer est chaude
b) si tu pars en Scandinavie
c) si nous restons trop longtemps sur la plage
d) les routes seront dangereuses demain matin
e) on passera de bonnes vacances en Bretagne
f) si elle craint le soleil
g) vous ferez du bricolage dans la maison
h) s'il fait beau ce week-end

2. 주어진 동사를 현재 또는 단순미래 형태로 쓰시오.

1) Si tu rates le train de 8 h, tu (prendre) le suivant.
2) Si nous sommes en retard, nous (courir) un peu.
3) Si ta sœur (réserver) sa place maintenant, elle pourra prendre le TGV.
4) Nous louerons un appartement plus grand si nous (déménager).
5) Si on rentre après une heure du matin, on (devoir) prendre le taxi.
6) Si je pars en vacances à la Toussaint, je t'(envoyer) une carte postale.

3. 알맞은 소유대명사를 쓰시오.

1) Elle a une belle maison. Mais, j'aime ( ). (tu)
2) Mon fils ne travaille jamais. Et ( )? (vous)
3) Mes filles sont parties en vacances. Et ( )? (ils)
4) Son chien obéit bien à son maître, mais ( ) non. (nous)

4. 보기처럼 문장을 쓰시오.

ex) Ta femme est française, la mienne est italienne.

1) Ton fils est grand, [ ] est petit.
2) Votre voiture est jaune, [ ] est rouge.
3) Votre mari est gentil, [ ] est sympatique.
4) Votre père est médecin, [ ] est professeur.
5) Vos enfants sont lycéens, [ ] sont étudiants.

5. 보기처럼 문장을 쓰시오.

ex) Ce livre est à toi? → Oui, c'est le mien.

1) Cette chaise est à toi? → Oui, c'est [ ].
2) Ces stylos sont à Jean? → Oui, ce sont [ ].
3) Cette maison est à Marie? → Oui, c'est [ ].
4) Cette voiture est à vos parents? → Oui, c'est [ ].

## Leçon 15. Dans le magasin 상점에서

| | |
|---|---|
| Marie | Isabelle, tu es libre ce soir?<br>이자벨, 너 오늘 저녁에 시간 있어? |
| Isabelle | Oui, pourquoi? 응. 왜? |
| Marie | Je vais aller au magasin pour acheter une robe. Tu peux venir avec moi?<br>옷을 사기 위해 상점에 갈꺼야. 나랑 같이 갈 수 있어? |
| Isabelle | Pas de problème. On est en vacances. D'ailleurs, j'aime faire des achats.<br>문제없어. 방학이잖아. 게다가, 나 물건 사는거 좋아해. |

### Dans le magasin 상점 안에서

| | |
|---|---|
| vendeur | Bonjour, mesdemoiselles. Vous voulez quelque chose?<br>안녕하세요. 뭐 원하시는거 있으세요? |
| Marie | Je veux acheter une robe, mais d'abord, je voudrais jeter un coup d'oeil.<br>옷을 사고 싶은데요, 우선 둘러보고 싶어서요. |
| vendeur | Bien sûr. 물론이죠. |
| Marie | Isabelle, viens-ici! Comment tu trouves cette robe?<br>이자베, 이쪽으로 와 봐! 이 옷 어떻게 생각해? |
| Isabelle | A première vue, ce n'est pas mal.<br>얼뜻 보기에 나빠보이지 않는데. |
| Marie | S'il vous plaît, monsieur. Est-ce que je peux l'essayer?<br>여기요. 이 옷 입어볼 수 있죠? |
| vendeur | Oui, bien sûr. Quelle est votre taille?<br>물론이죠. 치수가 어떻게 되시죠? |
| Marie | 40. 40이요. |
| vendeur | La voilà. Et la cabine est juste en face de vous.<br>여기 있습니다. 탈의실은 손님 바로 맞은편이에요. |
| Marie | Merci. 고맙습니다. |

### PLUS TARD 조금 후

| | |
|---|---|
| Marie | Et alors? 어때? |
| Isabelle | Tu es belle avec cette robe. Ça te va très bien.<br>옷을 입으니까 아름다운데. 옷이 너한테 아주 잘 어울려. |
| Marie | Moi aussi, ça me plaît. Mais, j'hésite entre celle-ci et celle-là.<br>나도 이 옷이 마음에 들어. 하지만 이것하고 저것 중에 망설여지는데. |
| Isabelle | Pour moi, celle-ci est mieux que celle-là.<br>내가 보기에 이것이 저 것보다 더 나은 것 같아. |
| Marie | Bon, je prends celle-ci. C'est combien, cette robe?<br>좋아 이것을 고를래. 이 옷 얼마죠? |
| vendeur | Ça fait 800 francs, mademoiselle. 800 프랑입니다. |
| Marie | Ça coûte trop cher. Vous ne pouvez pas me faire une réduction?<br>너무 비싸네요. 할인가격으로 해주실 수 없나요? |
| vendeur | On est en solde, en ce moment. c'est déjà le prix réduit.<br>지금 할인기간이라 이미 할인된 가격입니다. |
| Marie | Bon, tant pis. 그럼 할 수 없죠. |
| vendeur | Vous payez comment? 어떻게 지불하시겠어요? |
| Marie | Je peux payer avec la carte? 카드로 지불해도 되죠? |
| vendeur | Bien sûr. 물론이죠. |

### ❖ VOCABULAIRE 어휘 ❖

1.magasin (=boutique) **[상점]**

| | |
|---|---|
| magasin d'alimentation [식료품점] | demoiselle de magasin [여점원] |
| grand magasin [백화점] | magasin spécialisé [전문점] |

2. libre

| | |
|---|---|
| 자유로운 | être libre comme l'air [공기처럼 자유로운]<br>le monde libre [자유로운 세상] |
| 빈 | place libre [빈 자리] |

3. jeter

| | |
|---|---|
| 던지다 | jeter une pierre dans l'eau [물에 돌을 던지다] |
| 버리다 | jeter les armes [무기를 버리다] |

4. essayer

| | | | |
|---|---|---|---|
| J' | essaie | Nous | essayons |
| Tu | essaies | Vous | essayez |
| Il, Elle | essaie | Ils, Elles | essaient |

| | |
|---|---|
| = **examiner** 시도하다 | Essayez ce chapeau. [이 모자를 써보세요] |
| = **s'efforcer de** 애쓰다 | Elle a essayé de dormir. [그녀는 자려 애썼다] |

5. cher (chère)

| | |
|---|---|
| = **aimé, chéri** 사랑하는 | mes chers amis [나의 사랑하는 친구들] |
| = 친애하는 : 편지 | Cher monsieur (dans la lettre) |
| = **coûteux** 비싼 | La vie est chère à Paris.<br>[생활비가 파리는 비싸다] |

6. les soldes [**할인**]

marchandise vendues en soldes [할인 판매하는 물건들]

7. la carte

| | | | |
|---|---|---|---|
| 엽서 | carte de visite<br>[명함] | carte postale<br>[우편엽서] | carte d'invitation<br>[초대장] |
| 지도 | carte touristique | [관광지도] | |
| 표 | carte d'abonnement | [예약표] | carte d'entrée [입장권] |

### ❖ GRAMMAIRE 문법 ❖

1. Verbe + Vinf **[동사 + 동사원형] : ~하기를 ~하다**

| | |
|---|---|
| J'aime chanter.<br>[난 노래하는 것을 좋아한다] | Il désire rencontrer M. Kim.<br>[그는 김선생님을 만나길 원한다] |

2. Les noms dont le genre varie, suivant le sens : **성에 따라 의미가 달라지는 명사들**

| | | |
|---|---|---|
| livre | **le livre** 책 | Paul lit le livre. [뽈은 책을 읽는다] |
| | **la livre** 파운드 | Elle achète une livre de sel.<br>[그녀는 소금 1파운드를 산다] |
| mode | **le mode** 방법 | Lisez le mode d'emploi avant de l'utiliser.<br>[사용하기 전에 사용법을 읽으시오] |
| | **la mode** 유행 | La mode est aux jupes courtes, cette année.<br>[올 유행은 짧은 치마이다] |
| tour | **le tour** 순회 | Allons faire un tour en ville.<br>[시내를 한 바퀴 돌자] |
| | **la tour** 탑 | La tour Eiffel date de 1889.<br>[에펠탑은 1889년에 세워졌다] |

3. Un sens différent du singulier : **수에 따라 의미가 달라지는 명사들**

| | | | |
|---|---|---|---|
| S | **le ciseau** | 끌 | Le ciseau sert à tailler le bois ou la pierre.<br>[끌은 나무나 바위를 자를 때 사용한다] |
| PL | **les ciseaux** | 가위 | Les ciseaux de la couturière coupent l'étoffe.<br>[재단사의 가위가 천을 자른다] |
| S | **la lunette** | 망원경 | La lunette permet d'observer les astres.<br>[망원경은 천체를 관측할 수 있게 해준다] |
| PL | **les lunettes** | 안경 | Les lunettes corrigent la vue.<br>[안경은 시력을 교정시켜준다] |
| S | **la vacance** | 공석 | La vacance de ce poste [이 부서의 빈자리] |
| PL | **les vacances** | 휴가 | On part en vacances. [우린 휴가를 떠난다] |

4. les comparatif : **비교급**

1) ______ + l'adjectif ou l'adverbe + que …
형용사 또는 부사

| | | |
|---|---|---|
| supériorité<br>우등비교 | **plus … que …** | Il est plus grand que moi.<br>[그는 나보다 더 키가 크다] |
| égalité<br>동등비교 | **aussi … que …** | Il court aussi vite que Pierre.<br>[그는 삐에르만큼 빨리 달린다] |
| infériorité<br>열등비교 | **moins … que …** | Elle est moins belle que Marie.<br>[그녀는 마리보다 덜 아름답다] |

2) ______ de + le nom + que …
명사

| | | |
|---|---|---|
| supériorité | **plus de … que** | Ils paient plus d'impôts qu'avant.<br>[그들은 이전보다 더 세금을 낸다] |
| égalité | **autant de … que** | Tu as autant d'amis qu'au lycée?<br>[너 고등학교 때 만큼이나 친구가 많니?] |
| infériorité | **moins de … que** | Les Français ont moins de pouvoir d'achat.<br>[프랑스인들은 구매력이 덜하다] |

### 3) 특수한 형태의 비교급

| | | |
|---|---|---|
| **bon** | **meilleur** | J'ai eu une meilleure note en français qu'en anglais.<br>[난 영어보다 프랑스어에서 더 좋은 점수를 얻었다] |
| **bien** | **mieux** | Elle travaille mieux cette année que l'an passé.<br>[그녀는 작년보다 올 해 일을 더 잘한다] |
| **mauvais** | **pire** | Le café est pire que le thé.<br>[커피는 차(茶)보다 더 나쁘다] |

### ❖ EXERCICE 연습문제 ❖

1. 'plus ~ que', 'moins ~ que', 'aussi ~ que'를 사용하여 빈칸을 채우시오.
   ex) Il est [−] [moins] grand que moi.
   1) Pierre est [+] [ ] fort que son frère.
   2) Marie est [=] [ ] intelligente que sa sœur.
   3) Jean est [−] [ ] gentil que son ami.
   4) L'avion est [+] [ ] rapide que le train.
   5) Il est [−] [ ] beau que son père.

2. aussi 또는 autant 중 선택하시오.
   1) Paul court [ ] vite que Jean.
   2) Elle aime [ ] le café que le thé.
   3) Il parle [ ] le français que l'italien.
   4) Tu peux prendre ça [ ] que tu voudras.
   5) Elle danse [ ] bien que sa sœur.

3. autant 또는 autant de 중 선택하시오.
   1) Vous ne devez pas manger [ ] sucre.
   2) Il ne faut pas boire [ ].
   3) Elle ne doit pas faire [ ] sport.
   4) Tu ne dois pas prendre [ ] chocolats.

4. meilleur 또는 mieux 중 선택하시오.
   1) Avec ces lunettes, vous voyez [ ].
   2) Ce pull est de [ ] qualité.
   3) Tu as [ ] goût que Jean.
   4) Il vaut [ ] réfléchir avant d'agir.
   5) Vous vous sentez [ ]?

5. 빈칸에 bon, bien, meilleur 또는 mieux 중 선택하여 쓰시오.
   1) M. Dupont est un [ ] professeur. Il explique [ ] la grammaire.
   2) Elle travaille [ ] cette année que l'an passé.
   3) On mange [ ] à la cantine, mais on déjeune [ ] chez soi.
   4) Il a obtenu de [ ] résultats au bac que son frère.

# 연습문제 풀이

## 1과 연습문제

1.

1) [Moi], je suis français. Toi, [tu] es italien?
   [나는 프랑스인이야. 너는 이탈리아인이니?]
2) Lui, [il] a une fille. Et [toi], tu as aussi une fille?
   [그는 딸이 있어. 너도 딸이 있니?]
3) [Elle], elle a 45 ans. Et [moi], [j]'ai 46 ans.
   [그녀는 45살이야. 그리고 나는 46살이지]
4) Eux, [ils] sont médecins. Et [vous], [vous] êtes infirmières?
   [그들은 의사입니다. 그럼 당신들은 간호원입니까?]
5) Nous, [nous] sommes acteurs. Et [elles], elles sont chanteuses?
   [우린 배우입니다. 그녀들은 가수입니까?]

2.

| | | |
|---|---|---|
| 1) Tu | e) vas où? | [너 어디 가니?] |
| 2) Je | d) vais à la gare. | [나는 역에 간다] |
| 3) Il | f) va à Paris. | [그는 파리에 간다] |
| 4) Vous | b) allez bien? | [당신 잘 지내시죠?] |
| 5) Elles | c) vont à l'école. | [그녀들은 학교에 간다] |
| 6) Nous | a) allons au cinéma. | [우린 극장에 가] |

3.

1) [Moi], j'achète ce livre, et toi, tu achètes ce cahier.
   [나는 이 책을 살테니 너는 이 공책을 사]
2) Paul et toi [vous], vous allez au cinéma?
   [뽈하고 너(당신), 너희들 극장에 가니?]
3) Paul et Jean, [eux], ils aiment le sport.
   [뽈하고 장, 그들은 스포츠를 좋아해]
4) Marie, [elle], elle a une belle voix.
   [마리, 그녀는 아름다운 목소리를 가졌어]
5) Jean, [lui], il travaille avec Paul.
   [장, 그는 뽈과 같이 일해]

## 2과 연습문제

1.

1) Je [suis] étudiant. [나는 학생입니다]
2) Ils [sont] coréens. [그들은 한국인입니다]
3) Il [est] professeur d'anglais. [그는 영어 선생님입니다]
4) Nous [avons] les cousins de Paul. [우리는 뽈의 사촌들입니다]
5) Marie est Isabelle [sont] mes soeurs. [마리와 이자벨은 내 누이들입니다]
6) Vous [êtes] médecin? [당신 의사입니까?]

2.

1) [Vous] êtes pharmacien? → Oui, [je] suis pharmacien.
[당신 약사입니까?] [예, 저는 약사입니다]
2) [Tu] as mal au ventre? → Oui, j'[ai] mal au ventre.
[너 배가 아프니?] [응, 배가 아파]
3) Vous [êtes] fatigués? → Oui, nous [sommes] fatigués.
[너희 피곤하니?] [응, 우리 피곤해]
4) Marie et Jean vont à l'école? → Oui, [ils] vont à l'école.
[마리와 장은 학교에 가니?] [응, 그들은 학교에 가]

3.

| | | | | | |
|---|---|---|---|---|---|
| un | voyage [여행] | une | chance [기회] | un | billet [표] |
| une | santé [건강] | un | cadeau [선물] | un | appartement [아파트] |
| une | nature [자연] | un | soir [저녁] | une | chaise [의자] |
| un | bagage [가방] | une | économie [경제] | une | question [질문] |
| un | gâteau [케익] | un | âge [나이] | une | totalité [전체] |
| une | sortie [출구] | une | fillette [계집아이] | un | moment [순간] |

4.

| | | | |
|---|---|---|---|
| un | gentil garçon [친절한 소년] | une | belle fille [아름다운 소녀] |
| un | livre intéressant [흥미로운 책] | une | jolie maison [예쁜 집] |
| un | grand hôtel [큰 호텔] | une | grosse femme [뚱뚱한 여자] |
| un | mauvais temps [나쁜 날씨] | une | vieux chien [나이 든 개] |

## 3과 연습문제

1.

1) [Ils] ont un garçon et une fille. [나는 아들과 딸이 있습니다]
2) [Nous] avons une belle maison. [우린 좋은 집을 가지고 있어요]
3) [Vous] avez un chien? [당신 개를 키웁니까?]
4) [Tu] as un appartement? [너 아파트를 가지고 있니?]
5) [Il, Elle] a 45 ans. [그는 45살입니다]
6) [J'] ai mal à la tête. [나는 머리가 아픕니다]

2.

| | | |
|---|---|---|
| 1) J'ai | a) une belle voiture. | [좋은 차를 가지고 있다] |
| 2) Il est | b) grand et jeune. | [키가 크고 젊다] |
| 3) Nous sommes | c) gentilles et sympas. | [음악가이다] |
| 4) Elles sont | d) malade. | [친절하고 상냥하다] |
| 5) Vous avez | e) des enfants? | [좋은 차를 가지고 있다] |
| 6) Tu as | f) musiciens. | [아이들이 있니?] |

1) → a) 2) → b), d) 3) → c), f)
4) → c), f) 5) → a), e) 6) → a), e)

3.

1) [Vous] [êtes] infirmière, madame? [당신 간호사입니까, 부인?]
2) [Vous] [êtes] étudiants? [당신들 학생입니까?]
3) [Vous] [avez] une voiture, Monsieur Durand? [뒤랑씨, 당신 차 있어요?]
4) [Tu] [as] un stylo, maman? [엄마, 만년필 있어요?]
5) [Tu] [es] belle, ma chérie. [당신 아주 아름답군]
6) [Tu] [as] un beau sourire, Marie. [마리, 너 미소가 아름답다]

4.

1) Je te présente **ma** / mon / mes femme. [너에게 내 아내를 소개할께]
2) Tu téléphones à **ton** / ta / tes amie? [너 여자친구에게 전화하니?]
3) Il habite avec son / sa / **ses** parents. [그는 부모님과 함께 산다]
4) Nous vendons **notre** / ma / ta appartement. [우린 아파트를 판다]
5) Où est votre / mon / **vos** enfants? [당신 애들은 어디에 있죠?]

5.

1) [Mes] amis sont étudiants. [내 친구들은 학생들이다]
2) [Mon] hôtel est très grand. [내 호텔은 매우 크다]
3) [Ma] mère est infirmière. [내 어머니는 간호사이다]
4) [Mon] frère travaille tous les jours. [내 형제는 매일 일한다]
5) [Mes] enfants aiment le football. [내 아이들은 축구를 좋아해]

6.

1) Tes [Ses] amis sont étudiants.
2) Ton [Son] hôtel est très grand.
3) Ta [Sa] mère est infirmière.
4) Ton [Son] frère travaille tous les jours.
5) Tes [Ses] enfants aiment le football.

7.

1) [Cet] ordinateur est à vous? Oui, c'est [mon] ordinateur.
[이 컴퓨터가 당신 것입니까?] [예, 그것은 내 컴퓨터입니다]
2) [Ce] livre est à lui? Oui, c'est [son] livre.
[이 책이 그의 것이니?] [응, 그것은 그의 책이야]
3) [Cette] maison est à eux? Oui, c'est [leur] maison.
[이 집이 그들의 것이니?] [응, 그것은 그들의 집이야]
4) [Cette] voiture est à nous? Oui, c'est [notre] voiture.
[이 차가 우리들 것이니?] [응, 그것은 우리들의 차야]

8.

1) Tu connais l'homme sur la photo? [너 사진 속의 남자를 아니?]
Oui, c'est [mon] ami. [응, 내 친구야]
2) Pierre vit tout seul à Paris? [삐에르는 파리에서 혼자 사니?]
Non, il habite avec [sa] famille. [아니, 그는 그의 가족과 같이 살아]
3) Qu'est-ce que tu fais ce soir? [너 오늘 저녁 뭐할꺼니?]
Je vais au cinéma avec [mes] sœurs. [나는 나의 누이들과 극장 갈꺼야]
4) Où sont tes parents? [너의 부모님은 어디 계시니?]
Ils voyagent en Europe avec [leurs] amis. [친구들과 유럽을 여행중이셔]

## 4과 연습문제

1.

1) Vous êtes étudiants? [당신 학생이세요?]
→ Est-ce que vous êtes étudiants?
2) Ils vont au cinéma? [그들은 극장에 갑니까?]
→ Est-ce qu'ils vont au cinéma?
3) Les enfants jouent au jardin? [아이들이 정원에서 놉니까?]
→ Est-ce que les enfants jouent au jardin?
4) Tu aimes le sport? [너 운동을 좋아하니?]
→ Est-ce que tu aimes le sport?
5) Elle prend l'avion? [그녀가 비행기를 탑니까?]
→ Est-ce qu'elle prend l'avion?
6) Je peux fermer la fenêtre? [제가 창문을 닫아도 될까요?]
→ Est-ce que je peux fermer la fenêtre?

2.

1) Est-ce que vous parlez l'anglais? [당신 영어를 할 줄 압니까?]
→ Vous parlez l'anglais?
2) Est-ce que tu connais bien cette femme? [너 이 여인을 잘 아니?]
→ Tu connais bien cette femme?
3) Est-ce qu'il est professeur de français? [그가 프랑스어 선생님이니?]
→ Il est professeur de français?
4) Est-ce que tes amis viennent ce soir? [네 친구들이 오늘 저녁에 오니?]
→ Tes amis viennent ce soir?
5) Est-ce qu'elles travaillent bien? [그녀들은 일을 잘 합니까?]
→ Elles travaillent bien?

3.

1) Vous habitez à Paris? [당신 파리에 살고 있어요?]
→ Habitez-vous à Paris?
2) Tu cherches un travail? [너 일자리를 찾고 있니?]
→ Cherches-tu un travail?
3) Ils ont une voiture? [그들이 차를 가지고 있니?]
→ Ont-ils une voiture?
4) Vous faites du football? [당신 축구를 하세요?]
→ Faites-vous du football?

5) Tu pars en voyage? [너 여행을 떠나니?]
→ Pars-tu en voyage?
6) Vous pouvez m'aider? [당신 저를 도와줄 수 있어요?]
→ Pouvez-vous m'aider?

4.
1) Ton frère aime le cinéma? [네 남동생은 영화를 좋아하니?]
→ Ton frère aime-t-il le cinéma?
2) Le cours de français commence à quelle heure? [수업 몇시에 시작해?]
→ Le cours de français commence-t-il à quelle heure?
3) Paul rentre tard à la maison? [뽈은 집에 늦게 귀가하니?]
→ Paul rentre-t-il tard à la maison?
4) Vos parents voyagent souvent? [당신 부모님들은 여행을 자주 하세요?]
→ Vos parents voyagent-ils souvent?
5) Isabelle est lycéenne? [이자벨은 고등학생이니?]
→Isabelle est-elle lycéenne?

5.
1) Vous allez chez vos parents? ← Oui, je vais chez mes parents.
[예, 부모님 댁에 가요]
2) Vous prenez l'avion? ← Non, pas l'avion, je prends le train.
[비행기가 아니라, 기차를 타요]
3) Vous partez seule? ← Non, pas seule, je pars avec mon ami.
[혼자가 아니고, 친구와 함께 떠나요]
4) Vous aimez la musique? ← Oui, j'aime beaucoup la musique.
[예, 저는 음악을 아주 좋아해요]
5) Vous êtes pharmacien? ← Oui, je suis pharmacien.
[예, 저 약사입니다]

6.

| | 단수 | 복수 | 단 / 복수 | | 단수 | 복수 | 단 / 복수 |
|---|---|---|---|---|---|---|---|
| fils [아들] | | | O | voix [목소리] | | | O |
| choix [선택] | | | O | nez [코] | | | O |
| dos [등] | | | O | bras [팔] | | | O |
| jeu [놀이] | O | | | chaises [의자] | | O | |

7.

1) Tu veux venir [chez] moi ce soir? [너 오늘 저녁에 내 집으로 올래?]
2) Il rentre [à la] maison. [그는 집으로 귀가한다]
3) Il habite [à] Paris. [그는 파리에 살고 있다]
4) Il va [à l'] hôtel. [그는 호텔에 간다]
5) Elles vont [au] grand magasin. [그녀들은 백화점에 간다]

8.

1) Il vient [de] Paris. [그는 파리에서 오는 길이다]
2) C'est la voiture [du] voisin. [그것은 이웃 사람의 차다]
3) Il arrive [de la] gare. [그는 역에서 도착하는 길이다]
4) Il revient [de l'] école. [그는 학교에서부터 돌아오는 길이다]

## 5과 연습문제

1.

| du | pain | [빵] | de la | viande | [고기] |
|---|---|---|---|---|---|
| de la | baguette | [바게뜨] | de l' | eau | [물] |
| du | café | [커피] | de la | bière | [맥주] |
| du | vin | [포도주] | du | thé | [차(茶)] |
| du | poisson | [생선] | du | beurre | [버터] |
| du | gâteau | [케익] | de la | glace | [아이스크림] |
| du | jus | [쥬스] | du | fromage | [치즈] |

2.

| hôpital [병원] | hôpitaux | cheveu [머리카락] | cheveux |
|---|---|---|---|
| bureau | bureaux [사무실] | cadeau | cadeaux [선물] |
| animal [동물] | animaux | femme [여인] | femmes |
| journal | journaux [신문] | manteau | manteaux [외투] |
| trou [구멍] | trous | chapeau [모자] | chapeaux |

### 6과 연습문제

1.

1) cet / connais / pas / Je / homme / ne
→ Je ne connais pas cet homme. [나는 이 남자를 알지 못합니다]
2) Il / parents / pas / à / téléphone / ne / ses
→ Il ne téléphone pas à ses parents. [그는 부모님께 전화를 하지 않는다]
3) télévision / pas / beaucoup / aime / Je /n' / la
→ Je n'aime pas beaucoup la télévision. [나는 TV를 별로 좋아하지 않아요]
4) d'accord / suis / ne / Je / vous / avec / pas
→ Je ne suis pas d'accord avec vous. [나는 당신과 의견이 같지 않습니다]

2.

1) Vous avez des enfants? → Non, je n'ai pas (d') enfants.
[당신 아이가 있습니까?] [아니오, 저는 아이가 없습니다]
2) Tu fais un voyage? → Non, je ne fais pas (de) voyage.
[너 여행을 하니?] [아니, 여행을 하지 않아]
3) Tu aimes le tennis? → Non, je n'aime pas (le) tennis.
[너 테니스를 좋아하니?] [아니, 나는 테니스를 좋아하지 않아]
4) C'est un musée? → Non, ce n'est pas (un) musée, c'est (un) hôtel.
[이거 미술관이니?] [아니, 그건 미술관이 아니라 호텔이야]

3.

1) Il achète une maison? [그가 집을 삽니까?]
→ Non, il n'achète pas de maison.
2) Est-ce qu'il y a un livre sur la table? [책상 위에 책이 있습니까?]
→ Non, il n'y a pas de livre sur la table.
3) Elle a un chien? [그녀는 개를 키웁니까?]
→ Non, elle n'a pas de chien.
4) Vous avez de l'argent? [당신 돈이 있습니까?]
→ Non, je n'ai pas d'argent.
5) Vous préparez un examen d'entrée? [당신 입학시험을 준비합니까?]
→ Non, je ne prépare pas d'examen d'entrée.

4.

1) Vous mettez du sucre dans votre café? [커피에 설탕을 넣으세요?]
→ Non, je ne mets pas de sucre dans mon café.
2) Tu prends du pain au déjeuner? [너 점심식사에 빵을 먹니?]
→ Non, je ne prends de pain au déjeuner.
3) Tu veux du thé? [너 차를 원하니?]
→ Non, je ne veux pas de thé.
4) Vous buvez du vin à tous les repas? [모든 식사때 포도주를 마십니까?]
→ Non, je ne bois pas de vin à tous les repas.
5) Est-ce qu'il y a de l'ail dans la sauce? [소스에 마늘이 있습니까?]
→ Non, il n'y a pas d'ail dans la sauce.

5.

| grand [큰] | grande | actif [활동적인] | active |
|---|---|---|---|
| léger | légère [가벼운] | gros | grosse [뚱뚱한] |
| nouveau[새로운] | nouvelle | amoureux [사랑에 빠진] | amoureuse |
| cher [비싼] | chère | vif | vive [생생한] |
| bon | bonne [좋은] | vieux [낡은] | vieille |
| mignon [귀여운] | mignonne | beau [아름다운] | belle |

6.

1) **Ma maison** / Mon appartement est ancienne. [내 집/아파트는 오래되었다]
2) **La lune** / Le soleil est claire. [달빛/해가(이) 밝다]
3) **Cette voiture** / Ce vêtement est chère. [이 자동차/이 옷은 비싸다]
4) Ce gâteau / **Cette glace** est délicieuse. [이 케잌/이 아이스크림은 맛있다]
5) Cette femme / **Cet homme** est actif. [이 여자/이 남자는 활동적이다]
6) Le garçon / **La fille** est mignonne. [소년/소녀는 귀엽다]

7.

1) Tu aimes **cette** / cet / ce chanson? [너 이 노래를 좋아하니?]
2) Ce / **Cet** / Cette arbre est très grand. [이 나무는 매우 크다]
3) Ce / Cet / **Cette** étudiante travaille bien. [이 학생은 공부를 잘한다]
4) **Ce** / Cet / Cette stylo est à qui? [이 만년필은 누구꺼니?]
5) Il achètes cette / **ces** / cet hôtels. [그는 이 호텔들을 산다]
6) Ils adorent **ces** / cette / cet enfants. [그들은 이 아이들을 아주 좋아해]

8.

| | | |
|---|---|---|
| 1) Ce | a) amie est italienne. | [이 친구는 이탈리아인이야] |
| 2) Cet | b) acteur est très beau. | [이 배우는 매우 잘 생겼어] |
| 3) Cette | c) monsieur est gentil. | [이 분은 친절하셔] |
| 4) Ces | d) hommes sont sympas. | [이 남자들은 상냥해] |

9.

1) Vous connaissez [cet] homme? [당신 이 남자를 아세요?]
2) [Ce] professeur de français est beau. [이 프랑스어 선생님은 잘생겼다]
3) Tu habites dans [cet] appartement? [너 이 아파트에 살고 있니?]
4) Il y a beaucoup de filles dans [cette] école. [이 학교에는 여학생이 많다]
5) Tu travailles [cet] après-midi? [너 오늘 오후에 일하니?]
6) Je n'aime pas beaucoup [ces] femmes. [나는 이 여자들을 좋아하지 않아]

10.

1) De quoi parlez-vous?
[무엇에 대해 말하세요?]
Je ne parle [de rien].
[아무 것에 대해서도 말하지 않아요]

2) À qui téléphones-tu?
[누구에게 전화하니?]
Je ne téléphone [à personne].
[아무에게도 전화하지 않아]

3) De qui pensez-vous?
[누구에 대해 생각하세요?]
Je ne pense [de personne].
[아무에 대해서도 생각하지 않아요]

4) Avec qui travaillez-vous?
[누구와 일하세요?]
Je ne travaille [avec personne].
[아무하고도 함께 일하지 않아요]

5) De quoi discutez-vous?
[무엇에 대해 토론하세요?]
Nous ne discutons [de rien].
[아무것에 대해서도 토론하지 않아요]

**7과 연습문제**

1.

| | a) | b) | c) |
|---|---|---|---|
| 1) Il la regarde. | a) la télévision | b) sa mère | c) son ami |
| 2) Je l'aime. | a) ce voisin | b) cette fille | c) ces enfants |
| 3) Elle les invite au dîner. | a) ses amis | b) sa famille | c) les professeurs |
| 4) Je le cherche. | a) mon chien | b) mon fils | c) mon étudiante |

2.

1) Il visite le musée. [그는 미술관을 방문한다] [le]
2) Elle rencontre son mari. [그녀는 남편을 만난다] [le]
3) Je prends ce dessert. [나는 이 후식을 먹을래] [le]
4) Vous voulez cette maison? [당신 이 집을 원하세요?] [la]
5) J'adore cet acteur. [나는 이 배우를 아주 좋아해] [l']

3.

1) Tu prends le métro tous les matins? [너 매일 아침 지하철을 타니?] — Oui, je [le]prends tous les matins. [응, 매일 아침 그것을 타]
2) Vous écoutez souvent la radio? [당신 라디오를 자주 들으세요?] — Oui, je [l'] écoute tous les soirs. [예, 그것을 매일 저녁 들어요]
3) Vous achetez ces disques? [이 음반들을 사시겠어요?] — Oui, je [les] achète. [예, 이것을 사겠어요]
4) Vous vendez votre ordinateur? [당시 컴퓨터를 파세요?] — Oui, je [le] vends. [예, 그것을 팝니다]
5) Vous aimez cette chanson? [당신 이 노래를 좋아하세요?] — Oui, je [l'] aime bien. [예, 그것을 아주 좋아합니다]
6) Vous connaissez cet homme? [당신 이 남자를 아세요?] — Oui, je [le] connais bien. [예, 그를 잘 압니다]

4.

1) Je [t'] interdis de sortir ce soir.
[네가 오늘 저녁에 외출하는 것을 금한다]
2) Si tu as besoin d'aide, tu [me] téléphones.
[도움이 필요하면, 내게 전화해]
3) Je [t'] explique cette phrase encore une fois. [이 문장을 다시 설명할께]
4) Tu [me] donnes des nouvelles? [나에게 소식을 줄래?]

5) Je [t'] envoie ce colis demain. [네게 이 소포를 내일 보낼게]
6) Qu'est-ce que tu [me] dis? [너 나에게 뭐라고 했니?]

5.

1) Il écrit une lettre <u>à ses parents</u>. [leur]
[그는 부모님께 편지를 쓴다]
2) Elle demande le chemin <u>au policier</u>. [lui]
[그는 경찰에게 길을 묻는다]
3) Paul offre une bague <u>à sa femme</u>. [lui]
[뽈은 아내에게 반지를 선물한다]
4) Le professeur pose des questions <u>aux étudiants</u>. [leur]
[선생님이 학생들에게 질문한다]
5) Il parle <u>à son amie</u>. [lui]
[그는 친구에게 말을 한다]

6.

1) vous / une / Je / question / pose / facile
→ Je vous pose une question facile. [내가 당신께 쉬운 문제를 질문할께요]
2) m' / Tu / chemin / indiques / le?
→ Tu m'indiques le chemin? [너 내게 길을 가르쳐줄래?]
3) message / lui / Vous / un / laissez?
→ Vous lui laissez un message? [당신 그에게 메시지를 남기시겠어요?]
4) les / Elles / toutes / écrit / nous / semaines.
→ Elle nous écrit toutes les semaines. [그녀들은 우리에게 매주 편지를 쓴다]
5) Les / obeissent / leur / bien / étudiants.
→ Les étudiants leut obéissent bien. [학생들은 그들에게 잘 복종한다]

7.

1) Tu téléphones souvent à tes parents? [너 부모님께 자주 전화하니?]
→ Oui, je [leur] téléphone tous les jours. [응, 그들에게 매일 전화해]
2) Vous parlez à vos enfants? [당신들 자녀들에게 말을 합니까?]
→ Oui, nous [leur] parlons le plus souvent possible. [예, 가능한 자주 말해요]
3) Tu dis la vérité à tes parents? [너 부모님께 진실을 말하니?]
→ Oui, je [leur] dis la vérité, généralement. [응, 일반적으로 진실을 말해]
4) Vous expliquez tout aux enfants? [아이들에게 모두 설명합니까?]
→ Oui, je [leur] explque tout franchement. [예, 솔직하게 모든 설명합니다]

8.

1) Il finit ses devoir? [그가 숙제를 끝냈니?]
→ Il a fini ses devoir?
2) Tu vas à l'école? [너 학교에 가니?]
→ Tu es allé à l'école?
3) Elle parle à son professeur? [그녀는 선생님께 말하니?]
→ Elle a parlé à son professeur?
4) Il achète une maison? [그가 집을 사니?]
→ Il a acheté une maison?
5) Il sort de la maison? [그가 집에서 나왔니?]
→ Il est sorti de la maison?

9.

1) Il a fait du football ce matin. [그는 오늘 아침에 축구를 했다] [faire]
2) Tu as vu le dernier film de Luc Besson? [너 뤽 베쏭의 최근 영화 봤니?] [voir]
3) Il a choisi sa cravte. [그는 넥타이를 골랐다] [choisir]
4) Je suis allé à la bibliothèque. [그는 도서관에 갔다] [aller]
5) Ils sont partis très tôt. [그들은 아주 일찍 떠났다] [partir]
6) Un homme est venu te voir. [어떤 남자가 너를 보러 왔어] [venir]

10.

1) Nous avons regardé la télévision. [우린 TV를 봤다]
→ Nous regardons la télévision.
2) Elle a appris le français. [그녀는 프랑스어를 배웠다]
→ Elle apprends le français.
3) Tu as lu le dernier roman d'Umberto Eco? [움베르토 에코의 최신소설 읽었니?]
→ Tu lis le dernier roman d'Umberto Eco?
4) Elle est venue de Paris. [그녀는 파리에서 왔다]
→ Elle vient de Paris.
5) Il est rentré tard. [그는 늦게 귀가했다]
→ Il rentre tard.

11.

1) Il [a] écrit une lettre à ses parents. [그는 부모님께 편지를 썼다]
2) Elle [est] entrée dans sa chambre. [그녀는 자기 방으로 들어갔다]
3) Nous [avons] parlé de ce problème. [우린 이 문제에 대해 말했다]
4) Il [est] devenu médecin. [그는 의사가 되었다]
5) Je [suis] tombé de haut. [나는 높은 곳에서 떨어졌다]

12.

1) Vous devez recharger la batterie. → Rechargez la batterie.
[배터리를 충전하세요]
2) Tu dois acheter l'essence. → Achètes l'essence.
[기름을 사]
3) Vous devez terminer votre travail. → Terminez votre travail.
[당신의 일을 끝내세요]
4) Vous devez fermer la porte. → Fermez la porte.
[문을 닫으세요]
5) Tu dois venir demain. → Viens demain.
[내일 와]

## 8과 연습문제

1.

1) Cette maison est à qui? C'est [celle] de mon père.
[이 집은 누구꺼니?] [그 집은 내 아버지의 것이야]

2) Tu veux ce gâteau? Non, je préfère [celui]-là.
[너 이 케익을 원하니?] [아니, 저쪽에 있는 것을 원해]

3) Tu veux [ça]? Oui, merci.
[너 이것을 원하니?] [응, 고마워]

4) Ces chiens sont à toi? Non, ce sont [ceux] de mon voisin.
[이 개들이 네 것이니?] [아니, 내 이웃의 것들이야]

5) Vous aimez ces photos? Non, je préfère [celles]-là.
[당신 이 사진들을 좋아해요?] [아니, 저는 저쪽에 사진들을 더 좋아해요]

2.

1) Toi, tu achètes [ce] vin. Moi, j'achète [celui-là].
[너는 이 포도주를 사. 나는 저쪽에 있는 포도주를 살께]

2) Vous prenez [cette] chaise. Moi, je prends [celle-là].
[당신은 이 의자에 앉으세요. 저는 저 의자에 앉을께요]

3) Tu aimes [ce] disque? Moi, j'adore [celui-là].
[너 이 음반을 좋아하니? 나는 저 음반을 아주 좋아하는데]

4) Ma femme veut acheter [cette] maison, mais je veux acheter [celle-là].
[내 아내는 이 집을 사고 싶어하지만, 나는 저 집을 사고 싶어]

3.

1) Mon mari [était] professeur de français. [être]
[내 남편은 프랑스어 선생이었다]

2) Il [partait] travailler de bonne heure. [partir]
[그는 이른 시간에 일을 하러 떠났다]

3) Je [prenais] le dîner au restaurant. [prendre]
[나는 식당에서 저녁을 먹곤 했다]

4) Elle [venait] me voir après le travail. [venir]
[그녀는 일이 끝난 후 나를 보러 오곤 했다]

5) Mon père [regardait] la télé après le dîner. [regarder]
[나의 아버지는 저녁 식사 후 TV를 보시곤 했다]

4.

1) Elle met une belle robe le dimanche.
→ Elle mettait une belle robe le dimanche.
[그녀는 일요일마다 아름다운 옷을 입는다]

2) Il veut devenir professeur comme son père.
→ Il voulait devenir professeur comme son père.
[그는 그의 아버지처럼 선생님이 되고 싶어한다]

3) Elle joue du piano.
→ Elle jouait du piano.
[그녀는 피아노를 연주한다]

4) Je vois des amis pendant les vacances.
→ Je voyais des amis pendant les vacances.
[나는 휴가 동안 친구들을 보았다]

5) Ils sont étudiants de ma classe.
→ Ils étaient étudiants de ma classe.
[그들은 내 학급의 학생들이었다]

5.

1) Je [serai] infirmier. [être]
[나는 간호사가 될 것이다]

2) Il [apprendra] à faire du ski. [apprendre]
[그는 스키타는 것을 배울 것이다]

3) Nous [acheterons] un appartement. [acheter]
[우린 아파트를 살 것이다]

4) Ils [reviendront] la semaine prochaine. [revenir]
[그들은 다음 주에 돌아올꺼야]

5) Ma fille [partira] demain. [partir]
[내 딸은 내일 떠날거야]

## 9과 연습문제

1.

| | | | | |
|---|---|---|---|---|
| 1) une maison ancienne | [오래된 집] | → | des maisons | [anciennes] |
| 2) un match international | [국제 경기] | → | des matchs | [internationaux] |
| 3) un journal régional | [지역 신문] | → | des journaux | [régionaux] |
| 4) une occasion spéciale | [특별한 기회] | → | des occasions | [spéciaux] |
| 5) un modèle nouveau | [새로운 모델] | → | des modèles | [nouveaux] |
| 6) un marché avantageux | [유리한 가격] | → | des marchés | [avantageux] |

2.

1) Mon frère est petit. [내 남동생은 키가 작다]
→ Ma sœur est [petite].
2) Mon père est italien. [내 아버지는 이탈리아인이다]
→ Ma mère est [italienne].
3) Mon fils est travailleux [내 아들은 부지런하다]
→ Ma fille est [travailleuse].
4) Mon mari est ambitieux. [남편은 야망이 있다]
→ Ma femme est [ambitieuse].
5) Mon oncle est sportif. [내 삼촌은 활력이 넘친다]
→ Ma tante est [sportive].
6) Mon cousin est beau. [내 사촌은 잘생겼다]
→ Ma cousine est [belle].

3.

| | | | | |
|---|---|---|---|---|
| 1) certain | [ certainement | : | 확실히 | ] |
| 2) heureux | [ heureusement | : | 행복하게 | ] |
| 3) simple | [ simplement | : | 단순히 | ] |
| 4) vif | [ vivement | : | 생생하게 | ] |
| 5) doux | [ doucement | : | 부드럽게 | ] |
| 6) évident | [ évidemment | : | 명백히 | ] |
| 7) suffisant | [ suffisamment | : | 충분히 | ] |
| 8) courant | [ couramment | : | 흔히 | ] |

4.

1) Cet enfant est tranquille. → Il joue [tranquillement].
[이 아이는 조용하다] [그는 조용히 논다]

2) Cet étudiant est attentif. → Il écoute [attentivement].
[이 학생은 주의력이 길다] [그는 주의깊게 듣는다]

3) Cet homme est très sérieux. → Il travaille [sérieusement].
[이 남자는 매우 부지런하다] [그는 착실하게 일한다]

4) Ce chauffeur de taxi est prudent. → Il conduit [prudemment].
[이 택시 기사는 신중하다] [그는 조심스럽게 운전한다]

## 10과 연습문제

1.

1) Les ponts qui traversent la Seine est nombreux.
[센느강을 가로지르는 다리들이 많다]
2) Le chalet que nous passerons des vacances est à mon père.
[우리가 휴가를 보낼 산장은 나의 아버지 것이다]
3) L'étudiant qui travaille à côté de moi est français.
[내 옆에서 공부하고 있는 학생은 프랑스인이다]
4) Le programme de la télé que je regarde souvent est la 2e chaîne.
[내가 자주 시청하는 TV 프로그램은 2번이다]
5) Le jupe qu'elle porte est en laine.
[그녀가 입고 있는 치마는 모직으로 만들었다]

2.

1) Le parfum, le plus cher du monde, c'et Joy de Patou.
[세상에서 제일 비싼 향수는 Joy de Patou 이다]
2) La personne vivante la plus âgée du monde a 121 an en 1996.
[세상에서 가장 오래 산 사람은 1996년에 121세이다]
3) Les Français sont les gros consommateurs de médicaments du monde.
[프랑스인들은 세계에서 약을 가장 많이 소비하는 사람들이다]
4) Jean est le moins petit de ses amis.
[장은 친구들 중 키가 가장 작다]

3.

1) Elle dort et elle rêve.
→ Elle dort en rêvant.
[그녀는 꿈을 꾸면서 잠을 잔다]
2) Le professeur donne des explications et il écrit au tableau.
→ Le professeur donne des explications en écrivant au tableau.
[선생님은 칠판에 판서를 하면서 설명을 하신다]
3) J'écris une lettre et je pense à Paul.
→ J'écris une lettre en pensant à Paul.
[나는 뽈을 생각하면서 편지를 쓴다]
4) Paul sort et il ferme la porte.
→ Paul sort en fermant la porte.
[뽈은 문을 닫으면서 외출을 한다]

**11과 연습문제**

1.

1) La police a arrêté le voleur. [경찰이 도둑을 체포했다]
→ Le voleur a été arrêté par la police.
2) M. Dupont invite notre famille. [뒤퐁씨가 우리 가족을 초대한다]
→ Notre famille est invitée par M.Dupont.
3) Ma mère prépare le repas. [어머니가 식사를 준비하신다]
→ Le repas est préparé par ma mère.
4) Le boulanger fait le pain. - [제빵사가 빵을 만든다]
→ Le pain est fait par le boulanger.
5) Tout le monde aime Marie. [모든 사람이 마리를 좋아한다]
→ Marie est aimée de tout le monde.
6) Le directeur a appelé sa secrétaire. [책임자가 그의 비서를 불렀다]
→ Sa secrétaire a été appelée par le directeur.

2.

1) On a augmenté le prix d'essence.
→ Le prix d'essence a été augmenté. [기름값이 올랐다]
2) On a abaissé l'âge de retraite.
→ L'âge de retraite a été abaissé. [정년 나이가 낮추어졌다]
3) On a élu un nouveau président.
→ Un nouveau président a été élu. [새로운 대통령이 선출되었다]
4) On a installé le sapin au milieu du salon.
→ Le sapin a été installé au milieu du salon. [소나무가 거실 중앙에 놓여졌다]
5) On a préparé le repas spécial.
→ Le repas spécial a été préparé. [특별한 식사가 준비되었다]
6) On a servi le champagne.
→ Le champagne a été servi. [샴페인이 제공되었다]

### 12과 연습문제

1.

1) Tu as des cours aujourd'hui? [너 오늘 수업 있니?]

→ Non, je n'ai pas de cours aujourd'hui.
[아니, 오늘 수업 없어]

2) Elle obtient un diplôme? [그녀는 자격증 취득했어?]

→ Non, elle n'obtient pas de diplôme.
[아니, 그녀는 자격증을 취득하지 않았어]

3) Est-ce que vous avez un professeur intéressant? [재미있는 선생님 있니?]

→ Non, je n'ai pas de professeur intéressant.
[아니, 재미있는 선생님이 없어]

4) Est-ce que tu prends des cours particuliers? [과외수업을 받니?]

→ Non, je ne prend pas de cours particuliers.
[아니, 과외수업을 받지 않아]

2.

1) Vous mettez du sucre dans votre café? [커피에 설탕을 넣으세요?]

→ Non, je ne mets pas de sucre dans mon café.

2) Tu prends du pain au déjeuner? [너 점심식사에 빵을 먹니?]

→ Non, je ne prends de pain au déjeuner.

3) Tu veux du thé? [너 차를 원하니?]

→ Non, je ne veux pas de thé.

4) Vous buvez du vin à tous les repas? [모든 식사때 포도주를 마십니까?]

→ Non, je ne bois pas de vin à tous les repas.

5) Est-ce qu'il y a de l'ail dans la sauce? [소스에 마늘이 있습니까?]

→ Non, il n'y a pas d'ail dans la sauce.

3.

1) Vous aimez le fromage? [당신 치즈를 좋아하세요?] → Je n'aime pas <u>le</u> / de fromage. [나는 치즈를 좋아하지 않아요]

2) Tu ranges la chambre? [너 방을 정리했니?] → Je ne range pas <u>la</u> / de chambre. [나는 방을 정리하지 않아]

3) Il mange des pizzas? [그는 피자를 먹습니까?] → Il n'aime pas <u>de</u> / les pizzas. [그는 피자를 좋아하지 않아요]

4) Il y a un cheveu dans la soupe? [스프에 머리카락이 있어요?] → Il n'y a pas <u>de</u> / le cheveu dans la soupe. [스프에 머리카락 없어요]

5) Vous avez de l'eau fraîche? → Je n'ai pas l' / d'eau fraîche.
[시원한 물 있어요?] [시원한 물이 없어요]

4

1) Est-ce qu'il y a quelqu'un? a) Il n'y a personne.
[누구 있습니까?] [아무도 없습니다.]

2) Vous avez encore une machine à écrire? d) Je n'ai plus de machine à écrire.
[당신 아직도 타자기를 갖고 있어요?] [더 이상 갖고 있지 않아요.]

3) Vous avez mangé quelque chose? e) Je n'ai rien mangé.
[무엇을 드셨어요?] [아무것도 안 먹었어요.]

4) Tu cherches encore un travail? b) Je ne cherche plus de travail.
[너 아직 일거리 찾고 있니?] [더 이상 찾지 않어.]

5) Tu connais quelqu'un ici? c) Je ne connais personne.
[여기 아는 사람있니?] [아는 사람이 없어.]

### 13과 연습문제

1.

1) Il faut qu'il (vienne). [그는 와야만 한다] (venir)
2) Il faut que je m'en (aille). [나는 가야 해요] (aller)
3) Il faut qu'elle (dorme). [그녀는 잠을 자야 해] (dormir)
4) Il faut que nous (écrivions). [우린 편지를 써야 해] (écrire)
5) Il faut qu'elle (boive). [그녀는 마셔야 해] (boire)
6) Il faut que tu (soit) là. [너는 그 자리에 있어야 해] (être)
7) Il faut que vous (parte). [당신은 떠나야 해요] (partir)

2.

1) Termine tes devoirs avant qu'il (soit) trop tard.
[너무 늦기 전에 네 숙제를 끝내라]
2) Nous sommes heureux bien que nous n' (ayons) pas d'argent.
[돈이 없음에도 불구하고 우린 행복해요]
3) Je pourrai mon mieux pour que tu (puisses) le rencontrer.
[네가 그를 만나게 하기 위해 최선을 다 할게]
4) Je vous pardonne à condition que vous ne (fassiez) pas la même erreur.
[당신이 같은 실수를 하지 않는다는 조건으로 당신을 용서할께요]
5) Il vaut mieux que je m'en (aille).
[나는 이만 가는게 좋겠어]
6) Je veux que ma famille (soit) heureuse.
[난 내 가족이 행복했으면 좋겠어]

**14과 연습문제**

1.

1) – g)
S'il pleut dimanche, vous ferez du bricolage dans la maison.
[내일 비가 온다면, 당신은 집에서 잔일을 하세요]

2) – d)
S'il gèle cette nuit, les routes seront dangereuses demain matin.
[오늘 밤에 얼음이 얼면, 내일 아침에 길이 위험할꺼에요]

3) – h)
S'il fait beau ce week-end, nous ferons une promenade en forêt.
[이번 주말에 날씨가 좋으면 우린 숲을 산책할꺼에요]

4) – b)
Si tu pars en Scandinavie, tu mettras des vêtements chauds.
[스칸디나비아로 떠난다면, 따스한 옷을 입어야 할꺼야]

5) – a)
Si la mer est chaude, je me baignerai.
[바다물이 따듯하면 난 해수욕을 할꺼야]

6) – c)
Si nous restons trop longtemps sur la plage, nous prendrons des coups de soleil.
[해변에 너무 오래 있으면 일사병에 걸릴꺼야]

7) – f)
Si elle craint le soleil, Claire apportera un parasol.
[그녀가 햇빛을 싫어하면 끌레르는 파라솔을 가져갈꺼야]

8) – e)
S'il fait chaud cet été, on passera de bonnes vacances en Bretagne.
[올 여름에 더우면, 브르타뉴지방에서 좋은 휴가를 보낼꺼야]

2.

1) Si tu rates le train de 8 h, tu (prendras) le suivant.
[8시 기차를 놓치면 다음 기차를 타]

2) Si nous sommes en retard, nous (courrons) un peu.
[늦었으면 조금 뛰면 돼]

3) Si ta sœur (réserve) sa place maintenant, elle pourra prendre le TGV.
[네 누이가 지금 자리를 예약하면 고속전철을 탈 수 있을꺼야]

4) Nous louerons un appartement plus grand si nous (déménageons).
[우리가 이사를 가면 좀 더 큰 아파트를 빌릴꺼야]

5) Si on rentre après une heure du matin, on (devra) prendre le taxi.
[새벽 1시에 귀가하려면 택시를 타야 해]

6) Si je pars en vacances à la Toussaint, je t'(enverrai) une carte postale.
[만성절에 후가를 떠나게 되면 너에게 우편엽서를 보낼게]

3.

1) Elle a une belle maison. Mais, j'aime (la tienne). (tu)
[너 아름다운 집을 가지고 있구나. 그렇지만 난 네 것이 좋아]

2) Mon fils ne travaille jamais. Et (le vôtre)? (vous)
[내 아들은 공부를 결코 하지 않아요. 당신 아들은요?

3) Mes filles sont parties en vacances. Et (les leurs)? (ils)
[내 딸들은 휴가를 떠났어. 그들의 딸들은?]

4) Son chien obéit bien à son maître, mais (le nôtre) non. (nous)
[그의 개는 주인의 말을 잘 듣는데 우리 개는 아니야]

4.

1) Ton fils est grand, [le mien] est petit.
[네 아들은 키가 크고 내 아들은 작다]

2) Votre voiture est jaune, [la mienne] est rouge.
[당신 차는 노란색이고 내 차는 붉은 색이다]

3) Votre mari est gentil, [le mien] est sympatique.
[당신 남편은 친절하고, 내 남편은 상냥합니다]

4) Votre père est médecin, [le mien] est professeur.
[당신 아버지는 의사고, 내 아버지는 선생님입니다]

5) Vos enfants sont lycéens, [les miens] sont étudiants.
[당신 아이들은 고등학생이고, 내 아이들은 대학생입니다]

5.

1) Cette chaise est à toi? Oui, c'est [la mienne].
[이 의자 네 것이니?] [응, 그것은 내 것이야]

2) Ces stylos sont à Jean? Oui, ce sont [les siens].
[이 만년필들은 장의 것이니?] [응, 그것들은 그의 것이야]

3) Cette maison est à Marie? Oui, c'est [la sienne].
[이 집은 마리의 것이니?] [응, 이것은 그의 것이야]

4) Cette voiture est à vos parents? Oui, c'est [la leur].
[이 자동차는 당신 부모님 것입니까 ?] [예, 그것은 그들의 것입니다]

## 15과 연습문제

1.

1) Pierre est [+] [plus] fort que son frère.
[삐에르는 형보다 힘이 세다]

2) Marie est [=] [aussi] intelligente que sa sœur.
[마리는 그의 언니만큼이나 영리하다]

3) Jean est [−] [moins] gentil que son ami.
[장은 그의 친구보다 덜 친절하다]

4) L'avion est [+] [plus] rapide que le train.
[비행기는 기차보다 빠르다]

5) Il est [−] [moins] beau que son père.
[그는 아버지보다 잘생기지 못했다]

2.

1) Paul court [aussi] vite que Jean.
[뽈은 장만큼 빨리 달린다]

2) Elle aime [autant] le café que le thé.
[그녀는 차만큼이나 커피를 좋아한다]

3) Il parle [autant] le français que l'italien.
[그는 이탈리아어만큼 불어를 한다]

4) Tu peux prendre ça [autant] que tu voudras.
[이것을 원하는만큼 먹어도 돼]

5) Elle danse [aussi] bien que sa sœur.
[그녀는 언니만큼이나 춤을 잘 춘다]

3.

1) Vous ne devez pas manger [autant de] sucre.
[설탕을 그만큼 먹으면 안돼요]

2) Il ne faut pas boire [autant].
[그렇게 마시면 안됩니다]

3) Elle ne doit pas faire [autant de] sport.
[그녀는 운동을 그처럼 하면 안됩니다]

4) Tu ne dois pas prendre [autant de] chocolats.
[너는 초코렛을 그렇게 먹으면 안돼]

4.

1) Avec ces lunettes, vous voyez [mieux].
[이 안경을 쓰면, 당신은 더 잘 보일 겁니다]

2) Ce pull est de [meilleur] qualité.
[이 스웨터는 훨씬 좋은 품질이야]

3) Tu as [meilleur] goût que Jean.
[너는 장보다 더 좋은 취미를 가지고 있다]

4) Il vaut [mieux] réfléchir avant d'agir.
[행동하기 전에 신중하게 생각하는 것이 좋아]

5) Vous vous sentez [mieux]?
[좀 기분이 나아지세요?]

5.

1) M. Dupont est un [bon] professeur. Il explique [bien] la grammaire.
[뒤퐁씨는 좋은 선생님이다. 그는 문법을 잘 설명한다]

2) Elle travaille [mieux] cette année que l'an passé.
[그녀는 지난 해보다 올해 일을 더 잘한다]

3) On mange [bien] à la cantine, mais on déjeune [mieux] chez soi.
[학교식당에서 잘 먹지만, 집에서는 더 잘 먹는다]

4) Il a obtenu de [meilleurs] résultats au bac que son frère.
[그는 대학입학시험에서 형보다 더 좋은 결과를 얻었다]

저자 약력

● 정일영

인하대 불어불문학과 졸업
프랑스 파리 8대학 대학원 졸업
프랑스 파리 8대학 박사준비과정 수료
언어학 박사학위 취득
현재 인하대학교 출강, 충북대학교 출강
EBS 수능 프랑스어 강의
저서 프랑스어 문법(공저)
프랑스어 말소리 갈(공저)
대학 프랑스어 회화
DELF A1, DELF A2
기초 프랑스어
똥찌개와 까까(수필)
생활속의 프랑스어 회화

**디지털로 배우는 프랑스어 회화**

RENDEZ-VOUS AVEC LE FRANÇAIS

1판 1쇄 찍음 • 2006년 7월 1일
1판 1쇄 펴냄 • 2006년 7월 7일

저 자 • 정 일 영
발행인 • 정 현 걸
발 행 • 신 아 사
인 쇄 • 남양인쇄사

출판등록 • 1956년 1월 5일 (제9-52호)
서울특별시 은평구 녹번동 28-36 2F
전화 (02)382-6411 • 팩스 (02)382-6401
홈페이지 • www.shinasa.co.kr
E-mail • shinasa@chol.com



ISBN 89-8396-536-3

정가 **20,000** 원 (Interactive CD 포함)